熱弁二時間。全校高校生七百人が
声ひとつ立てず聞き入った！

日本のこころの教育

境野勝悟
Sakaino Katsunori

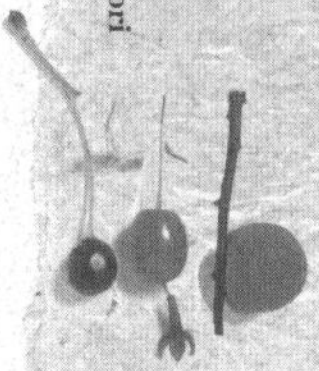

致知出版社

日本のこころとは、あかるい太陽を愛して生きる喜びであった。ー著者ー

日本のこころの教育＊目次

第一部「日本人のこころ」
――私立花巻東高校講演録

装丁——林　健造
口絵写真——著　者

第一部　「日本人のこころ」

――私立花巻東高校講演録

「さようなら」の意味は？

わたくしが勤めさせていただいた「栄光学園」という高等学校は、ミッション・スクールでした。校長はドイツ人のグスタフ・フォスという神父さんでした。いつも青い目が美しく輝く、肩の張った逞《たくま》しい校長先生でした。

その校長先生が、ある卒業式の日に、長い訓話の最後にこんな話をしたのです。

「きょうは、諸君たちと、お別れしなくてはならない。だから、さよう、、、ならと言わなければならないが、さようなら、といいたくない。なぜかというと、『さようなら』という意味が、はっきりわからない。わたくしは、もう、三十年も日本に滞在しています。日本に来たときから、さようならの意味を知りたくて、たくさんの日本人に、この意味をきいたのですが、だれ一人として、この意味を教えてくれません。お父さんやお母さん、中学や高等学校の先生方にもお尋ねしたのです。が、だれも、答えてくれませんでした。そこで、きみたちとの大事なお別れに、意味のわからない『さようなら』をいっては、無礼になるんじゃないのか、と思って、今日はさようならの代わりに、『グッド・バイ』という別れの言葉を差し上げましょう。『グッド・バイ』とは、もとは『ゴッド・バイ』です。『ゴッド』とは神様で、『バイ』はそばにという意味です。神様よ、諸君のそばにいて、諸君たちをよく守ってくれますように、

『グッド・バイ』……。そして、もう一つ『シー、ユー、アゲイン』。また会いましょう」

校長先生はこういう話を力強くされて、両手を高くかかげ、壇上から降りたのです。

そのとき、わたくしは胸の中で、「さよならの意味か？　俺もわからないなあ」と思っていました。が、話がこれだけで終われば、なんの問題もなかったのです。事件は、このあとの先生方のパーティーの席上で起こりました。


職員室のすぐそばに、パーティーの会場があります。まあ、いつもは、職員会議をするところなのです。わたくしはこういうパーティーのたびごとに一つだけ気をつけたことがありました。それは、校長先生の直前の椅子には、絶対座らないこと――だったのです。当時、新任でもあり、いささか気の弱いわたくしは、一度、校長先生の直前の椅子に座って、いろいろ話しかけられて大いに困ったことがあったからなのです。

それからは、とにかく、どんなパーティーのときでも、一目散に飛んでいって、校長先生から遠い席を獲得する。これが、当時のわたくしの信条であったのです。

ところがその日は、折わるく知人の卒業生の父兄に廊下でばったり会って、なにやかやと御丁寧なお礼の言葉をいただいているうちに、十分ほどの遅れをとることになってしまったのです。

恐る恐るパーティー会場の戸を開けてみると、やっぱり校長先生の直前の椅子しか空いてない。誰もが敬遠しているんですね。わたくしは、コッソリと戸を閉めて、帰ってしまおうとしました。……と、

「先生、さかいの先生、ここが空いてるぞ」

校長が、大声でわたくしを呼び止めたのです。

「アッ。そうですか」

と、なんとも決まりの悪い思いで、校長の直前の椅子に、形だけは、悠然と座ったのです。

ビールの乾盃が終わって、すぐのことです。

教頭先生が、校長に、こう話しかけたのです。

「校長先生、今日のお話はよかったですねェ」

「そう？　よかったか。どこが、よかった？」

「特にしめくくりに話されたさようならの意味ですが、わたくしもわからないんですわ」

「そうか。教頭もわからんのか。日本人として恥ずかしいと思わないか」

そういうや、校長は、今度は教頭のわきに座っていた化学の年輩の先生に、

「きみは、どうか。さようならの意味がわかるか」

と、尋ねたのです。

「そうですね。さようならの意味ですか。えーと、わたしたちは、さようならを『左様なら』と漢字で書きましたな。もっとも、子どもたちは、『サヨウナラ』と片仮名で書いておりましたな」

「どのように書いたかは、どうでもいいんだ。さようならの意味をいいなさい」

「……」

「きみもわからないのか。駄目だな。じゃあ、きみはどうか」

と、つぎは、英語科の主任の先生が矢面に立たされました。

「いや、ぼくは英語の教師ですから」

「なにをいうか。英語を教えていても、日本人ではないか。日本人でありながら、さようならの意味もわからないのか」

校長が、ますます興奮しているのがよくわかりました。わたくしはビールのコップを片手に、ジーッと下を向いていました。顔を上げて、目を合わさない方がよい、と真剣に思いつづけていたのです。教頭は数学の先生でしたし、化学から英語の先生へ……まずいなあ、俺は国語の先生だ。国語の先生がさようならの意味がわからない。こりゃ、いかん……。

ややあって、急に、辺りがシーンと静まりかえったのです。なんだろう、そう思って、わたくしは、ふと顔を上げたのです。

わたくしのすぐ目の前に、校長の人指し指があり、わたくしを指しています。

「なんですか？」

「なんですかではない。さようならの意味をいいなさい」

校長は、いよいよわたくしに問いかけてきたのです。わたくしは、ちょっとビールを飲んだ勢いもあって、この質問を軽くさばいてやろうと思い、

「校長先生、あまり神経質にならなくてもいいのじゃありませんか。世の中には、意味のわからない言葉もたくさんあると思いますから、人と別れるには気軽に〝さようなら〟といったらいいのじゃありませんか」

校長はきッとなった。

「なにをいうか。わたしが聞いている言葉の意味は、いちいち辞書を引かなくてはならないような難しいものじゃないんだ。きみが毎日使って

いる〝さようなら〟の意味がわからないのなら、〝今日は〟の意味もわかってないのだろう。どうですか？　〝今日は〟……の意味をいってください。これも、わからないのか。そんなことで、きみは、国語の先生として、日本人の子供たちに、いったい何を教えるつもりなんだ。しっかりしなさい。一週間か二週間のうちに、きちんと、さようならの意味を調べて、わたしに報告しなさいッ」

満座のなかで、猛烈な活力で叱り飛ばされてしまいました。

大変なことになってしまった。親友の同僚の先生だけが喜んでいて、「いやー、大変なことになっちゃったね。大丈夫？　がんばってね」という具合。

わたくしは、その夜から、辞書を調べたり、語源辞典を調べたりしたのですが、いっこうに意味がわからないのです。当時、もっとも信頼があるといわれ評判の高かった『広辞苑』でさえ、――さようなら［左様なら］（元来、接続詞で、それならばの意）別れの挨拶語。――という解説でしかないのです。他の辞書でも、「それならば」が「そうであるならば」になっているくらいのもので、なぜ日本人が人と別れる時に、おたがいが「それならば」「そうであるならば」と言い合って別れるのかが、まったくわからないのです。グッド・バイのように、神様があなたのそばにいて、お守りくださるように……というような意味がまったく摑《つか》めないのです。

それから、ちょうど三週間たったころ、大学で文章表現の研究会がありました。やかましい文章表現のレトリックの勉強が終わったあとで、

指導教授が、

「なにか、質問はあるかね」

と、いっていました。いつものことながら、質問者は、だれもいない。

「なにか、質問はあるかね。なんでもいいから質問をしたまえ」

「なんでもいいから」……この言葉を聞くや、無意識にわたくしの右手がちょっと動いてしまったのです。教授は、わたくしの所作をすばやく見つけたらしく、

「ああ君。境野君だったな。なにか質問があるのか。あったら、遠慮をせんで、なんでもいいから質問したまえ」

「あの……。どんな質問でもいいんですか」

「ああ、よろしい」

「では、この研究会の質問にはまことに不適当だとは思いますが、『さ

ようなら』の意味がわからなくて困っています。どうか教えてください」

教授の顔色がすーっと変わりました。そして、一際声を上げ、わたしを見据えて、

「この研究会をなんと心得ているんだ。そんな愚劣な質問には答えられん」

と、頭からきびしく叱られてしまったのです。

「なんでもいいから……」といったではないかと、反抗するひまもなく、その研究会は、そのまま終会してしまいました。

このあと、懇親会が新宿でひらかれ大いに盛りあがりました。高円寺にお住まいの教授は、いつも八時ごろ一足先にお帰りになります。わたくしは、二階の階段を下りて、玄関にまわってクツすべりを持って、立っていました。教授は、上機嫌です。

「いやー、君か。いつもありがとう」

わたくしは、思い切って、もう一度、

「先生、『さようなら』の意味を教えてください。この意味がわからないと、困ってしまうんです」

と、わたしは学校で起こったことの一部始終を、話しました。教授は、急にまじめな素振りをして、

「やあ、君にひとつ、いいことを教えてやる。人から、わからん質問を受けたときにはね、怒るに限るんだ」

こういって、笑いながら、背中をくるりッと返してしまったのです。わたくしの尊敬していた教授も、「さようなら」の意味はわかっていなかったらしいのです。

「日本人って何?」に答えられない

わたくしは、あまりにも日常的なことばである「さようなら」の意味を調べあげるのに、実は、十数年もかかってしまったのです。ある日、「さようなら」ということばの意味は、けっして「グッド・バイ」に劣らない、日本人の心がしっかりとこもっているすばらしい別れの挨拶であったことがわかったのです。

ところで、この「さようなら」の意味を知るには、どうしても日本人の心とは何かを知らなくてはなりません。そこで、まずは、「日本のこころ」について話してみようと思うのです。そのあとで、それと関連している「さようなら」の意味についてお話ししましょう。

――〈壇上から会場へ下りて〉――

さあ、ではまず、日本人って一体何だろうか、ということについて勉強したいんですね……。

それで、あなた、失礼ですけど何年生？

――三年生です。

お名前は？

――山形です。

かっこいい名前じゃないか、山形さんですね。体格がいいから運動部？　何をやってるの？

――野球部です。

ああ、硬式野球か。花巻東高校は強いんだよな。甲子園にもよく出てるしね。どこを守っているの？

――キャッチャーです。

キャッチャーか。野球はキャッチャーだものな。でも、高三で、もう就職も決まっているんですか。まだ決まっていない？　そうか。ところで、きみは何人だろうか。

――日本人なんだな。

そうなんだね。日本人なんですよね。じゃ、日本人って何なんだ。日本人っていったい何？

――……？

わからないよね。いや、そんなに困らなくていいんだよ、ぼくもまったくわからなかったんだから……。

――〈会場から壇上へ上がって……〉――

さて、あのね、「さようなら」の事件、いや、事件というような大げさなことではなかったけれどもね。あの一か月ぐらいの後に、わたくしは校長室に呼ばれたんだ。校長は、わたくしの顔を見ると、すぐ、

「先生。『さようなら』の意味がわかったか?」

「……」

「わからないか。じゃ、人とあったときになぜ『今日は』というかもわからなかったか?」

「……」

「仕方ないなあ。日本は、明治以後ヨーロッパの真似ばかりして、日本

人の心をすっかり失ってしまったんじゃないのかなあ。いまヨーロッパの評論家がなんといっていると思いますか。日本人は、日本人としてのバックボーンを失ってしまった。バックボーンを失ってしまった国民は、いかに経済的に肥っても、いつかは、崩れてしまう……と、いっているんだ。

もし君がイギリスへ行ってイギリス人てなんですか、と学生たちに聞けば、イギリス人とは、ジェントルマンシップを持っていることです、と答えますよ。フランスに行って、フランス人とは何かと聞けば、学生たちは、フランス人とはボンサンス（良識）を持ち、フランスの文化や伝統について深い理解力を持っている、これがフランス人です、と答えますよ。ドイツに行ってドイツ人とはなんですか、と聞けば、かれらは、ジャーマンスピリットを持つことです、と答えるでしょう。ジャーマンスピリットとはなんですかと聞けば、社会の善いことについては、喜んで賛同し、悪い面については力をあわせてこれを改革する、と答えるはずですよ。そこであらためて先生にもお伺いします。先生、日本人とは、なんですか。日本人の心とは、いったいなんなのですか。一言で答えてください」

わたくしは、無言でした。校長先生は興奮しながら、つづけざまに、

「先生、あなたは、国語の先生なんですよ。もっと、日常の身の辺りの日本語について深い関心を持って研究してみてください。そうしているうちに、だんだん、日本人の心というものがわかってくると思います」

わたくしは、恥ずかしい思いの中で、しかし、強く心の底にコツンとひっかかるものがありました。

「日本人って、何だろう?」

「日本人の心って、何？」

そのころ、友だちにも、よく
「おい、日本人って何だ？」

とか、

「日本人の心って何だ？」

とかと問いかけました。すると、友だちの先生は、

「つまらんことを聞くなよ」

「そんなの、どうでもいいじゃないか」

あのころは、そんな返事がほとんどでした。でも、この疑問は、どうしようもなく、わたくしの胸のなかに突きささってしまったのですね。


――〈壇上から会場へ下りて……〉――

さて、そこで、あなたは、何年生？

——二年生です。

きみも日本の心は、わかる？

——……。

いや、ごめん、ごめん。まあわからなくていいんだよ。いまからみんなで考えていこうとしているんだから……。でも、きみはこの学校の校訓に「報恩」ということばがあることは知っているでしょう。

——知っています。

いや、ありがとう。さあ、じゃ、その校訓の「報恩」ということばの「恩」という言葉の意味がわかるかな。あ、わからないんだね。じゃ、その「恩」という言葉から説明してゆきましょう。そうすると、日本の心がわかってくるからね。

――〈会場から壇上へ上がって〉――

ほんとうのことをいうとね。みなさんの学校から、「日本のこころの教育」について話してくれと頼まれたときに、なかなか高校生は話を聞いてくれませんからと、一度は断ったんです。すると、理事の先生から、学校の案内のパンフレットを送っていただいたんですね。その一ページ目の校訓に「報恩」という文字があったのです。その文字を見て、ああ、この学校の生徒なら、話を聞いてくれるかもしれないと思って、今日、こうしてやってきたんですね。

さて、そこで、「恩」という字の意味はなんでしょうか。この「恩」

という字を二つに分解すると、その意味がよくわかってくるんです。「恩」を上・下二つに分けると、「因」と「心」になりますね。上の「因」とは、原因という意味ですね。下の「心」とは、生命《いのち》という意味ですね。ですから、「恩」という字の意味は、「心」つまり生命の原因についいて考えることだったのですね。

君たちが、いま、そのように、生きています。わたくしも、こうして、生きています。不思議ですね。同じ時代を、こうして、一緒に生きている。みんなが生きている。さあ、じゃ、みんなは、いったいなんの力で生きているのかな。きみたちの生命の原因が、果たして、なにか。わたくしたちは、なんの恩によって生きているのだろうか。

生きる——この生きるという言葉は、「いき」と「る」とに分解できるんですよ。「いき」・「る」となります。「いき」とは、息《いき》です。呼吸のことをいいます。「る」という文字は、ものごとが自発的に継続しているときにつけた接尾辞で、自然にずーっとしつづけている、という意味ですね。ですから「いき・る」とは、呼吸がずーっとつづいている、という意味です。わたくしたちが、死ぬときは、この「いき」が「る」しなくなった時です。つまり、呼吸が継続しないで、はッと止まってしまったとき、わたくしたちは、死んでしまうわけですね。

じゃ、そこで質問だ。

わたくしたちの呼吸は、生まれてから今日まで、一日も止まらずに自発的に、自然的に継続されてきた。昼間だけではない。ぐっすりと寝ているときでさえ、たったの一度も怠けることなく、ずーっと今日まで継続されてきた。たったの五分でも、どこかで呼吸が怠けて止まってしまっていたら、いま、ぼくたちは、ここでこうして生きてはいられません。

空気を鼻や口を通して吸う。つぎに、肺に入った空気を吐く。わたしたちは生きているかぎり、この呼吸を自然にくり返しつづけている。ではその呼吸の力のもとは、なんの力によるのか。それは心臓です。

さて、そこが問題だ。みんなの胸の中にある心臓は、いったい、なんの力によって活動しているのか。心臓をカチカチコチコチと動かしているのは、だれなのだろう。

実は、最近、あの心臓をカチカチと動かしているのは、電池であるということがわかってきたのです。しかも、その電池は、太陽電池であるということがわかってきたのですね。

まだ仮説の段階ですが、わたくしたちの心臓の付近に、太陽電池を採るレーダーの働きをする物質があることが研究されてきています。このレーダーが、太陽電池を採って、わたしたちの心臓をコチコチと働かせているというのです。

なるほど、わたくしの友人に心臓を手術した人がいるんですが、心臓を手術するとき、その太陽電池を採るレーダーが壊れてしまったのだそうです。そのために、丸くて薄い電池を胸のわきに差し込んで、コチコチと心臓部を働かせているのです。

きみもぼくも、心臓のレーダーが健康に働いてくれるからこそ、きちんと太陽電池を採って生きているわけだ。わたくしは君たちに話ができるし、きみたちは、話を聞いてくれているわけだ。

このように考えると、ぼくたちの生命の原因は、なんと、太陽だったのです。なにも、心臓のレーダーのことなど説明しなくても、太陽がなくなれば、地球全部がその瞬間に真ッ暗闇になります。あっという間に、氷の海になってしまいます。生きているものは、みんな死んでしまいますね。

わたくしたちが中学一年生のころは、太陽がなくなっても、三日間は生きられる、と教わっていました。

試験問題に、「太陽がなくなったら、なん日ぐらい生きられるか」という質問があったら、

「三日間」

と、答えていたのです。

なぜでしょう。むかしは、太陽がなくなっても、地球上の空気は三日間存在すると考えられていたからなのです。わたくしたちは、空気を吸って生きていると思っていたのです。でも、今日では、この答えは×となりますね。太陽がなくなったら、心臓が瞬時にストップされてしまうからです。

さて、驚くべきことに、こういうことを二千年も前から、日本人は感覚的に気がついていて、そのことをなによりも大切にしていたのです。

わたくしたちが生きているのは、太陽のエネルギーのお蔭である……そういうことをみんなが大切に思っていたのです。古代の人は、太陽のことを、「お蔭様」ともいっていたのです。わたくしたちの生命《いのち》の原因は、まず第一に太陽である。わたくしたちの「恩」つまり生命の原因は太陽である。太陽のお蔭で、太陽のめぐみでわたくしたちは生きている。わたくしたちの民族は、ずーっと古代から太陽を自分の生命のもととして、大切にしてきたのですね。

わたくしたちの命の元は太陽だ、つまり生命の原因は太陽であるということを、わたくしたちの祖先はすごく大事にしました。実はそこから「日の本」という言葉が生まれてきたのです。この「の」は格助詞の

「が」と同じですから、「日の本」とは「日が本」つまり「わたくしたちのいのちは太陽が元だよ」ということですね。「日の本」。いいですか。この「日の本」の「の」が抜けて「日本」という国名になったんです。

ですから諸君、日本人とは何かと聞かれたら、答えは簡単なんです。「日本」という字を見ればわかります。わたくしたちの命の元が太陽だと知って、太陽さんのめぐみに感謝をして、太陽さんのように丸く、明るく、元気に、豊かに生きる。これが日本人だったのです。

どうか諸君、いつか日本を出て海外旅行に行くことがあるかもしれない。すると、向こうの人はよく聞くんですよ。「日本人って何ですか」って。そう聞かれたら、はっきりと答えてください。

「わたくしたちの命の原因が太陽だと知って、その太陽に感謝して、太陽のように丸く、明るく、豊かに、元気に生きる、これが日本人です」

と、おっしゃってください。

みんなで仲よく太陽のいのちを生きよう

きみも、ぼくも、実はみんなが同じ太陽の生命で生きていたのですね。松山君とか渡辺君とか名前や顔つきや才能は違っていても、みんなが共通の太陽エネルギーで生きていたのです。

だから、みんなで仲よくしないといけません。

主義が違っていてもいい。思想が違ってもいい。それぞれが持っている才能が違ってもいい。記憶力の優れている人。創造力の豊かな人。ものごとに積極性のある人。社会性のある人。一人でコツコツやるのが得意な人。運動能力のある人。手作業のうまい人。話し方のうまい人。料理が達者な人……。それぞれの個人の才能を尊びあって生きる。ピンセットでつまんで、この才能だけがいいとか、この個性だけがいいとかというようなことはしなかった。みんなが、それぞれの特質や個性を活かして生きる。みんなで、明るく、楽しく、おたがいの才能を認めあって、おたがいの主義や主張をよく理解しあって、この共通の太陽の生命を喜びあって仲よく生きていこう……これが、わたくしたち日本人の生き方の原形だったのですね。

競争ばかりして、弱いものをたたいて、強い者だけが威張って強がっているのは、太陽の生命を感謝しあって生きようとした日本人の本来の生き方ではなかったのです。

みんな同じ太陽のいのちを生きているのですから、もし、弱い人がいたら、助け合って、手をとりあって、仲よく生きていかなくてはなりません。弱肉強食はいけない。

意見が違ったら、すぐ絶縁してしまって対立してては困ります。意見をよく交換して、おたがいによく理解しあって、仲よく学びあって、手をつなぎあって、一歩ずつ歩いていかなくてはなりません。おたがいに、太陽の光のなかに生きているのですからね。

日本人になったラフカディオ・ハーン

――〈壇上から会場へ下りて……〉――

みなさんは、正月元日にどこかへ太陽を拝みに行きますか。君は？

――行きます。

太陽を拝みに行く人はまだいるかな？

きみは？

――行かない。

じゃあね、あなたは行かなくても、お父さんとか、お母さんとか、お姉さんとか、近所の人たちが初日の出を拝みに行くっていうのはわかるだろ。それは認めてもらえるよな。

――はい。

それでね、実は日本人は七十年前、百年前は毎日朝日を拝んでいたんです。ほとんどの人が毎朝太陽を拝んだんです。いまは元日だけですね。

――〈会場から壇上へ上がって……〉――

わたくしは大磯というところに住んでおりますが、大磯は海のはたです。で、わたくしは若いころ、時々自転車に乗って海岸まで走り、朝日を見に行ったことがあるんです。秋などは五時半ぐらいに行きますと、まだ太陽が昇っていない、その薄暗い海岸を九十歳ぐらいの老紳士が二、三人、散歩しているんです。その老紳士方が、東の空に太陽が出ると、パッと直立するんです。そして、帽子を取って太陽さんに深くお辞儀をするんです。それでまた歩き出します。

このようにして、毎朝、自分の生命の元である太陽さんのめぐみに感謝をしてから、今日一日の生活をはじめたのですね。

この間、駿河台大学でこのお話をしたら、講演の後、ＰＴＡの会長さんが、「そういえば、私のおじいさんは、毎朝畑に出て、太陽を拝んでいたな」と懐しそうに話してくれましたよ。

みんなも知っているでしょう。アメリカの雑誌記者のラフカディオ・ハーンという人が、世界のいろいろな国の民族学の調査をするために、日本にも来たんです。そしてかれは、日本という国の原点を調べるために、出雲《いずも》（島根県）の松江に行きました。出雲の国は日本が起こったところですね。そして、松江中学校の英語の先生になって生活を始めました。

松江では武家の屋敷を借りて暮らしましたが、ある日の朝方、まだ太陽が昇る前に、自分の家の塀の先で、大勢の人がガヤガヤガヤガヤ言っている。なんだろうと思ってひょっと垣根の外を覗いてみたら、村の人が川堀でうがいをしたり、顔を洗ったりしているんですね。一体この人たちは何をしているのかと思って見ていたら、山から太陽が昇ったとたんに、みんな太陽に向かって、「きょうも一日お願いします」と言ってパチパチと手を打ってお祈りをしていた。

これを見てラフカディオ・ハーンは、「世界にこんなすばらしい国民はいない。私はここの国民になる」と言って、小泉八雲《やくも》という名前で日本に帰化するんです。そして自分のお嫁さんも、日本人以外はもらわないということで、節子さんという日本人の女性と結婚して、お子さんをもうけているんですね。

ハーンの随筆に、日本の女性の微笑について書いたものがあります。日本の女性の微笑は世界中で一番美しいというんです。どんなつらいことがあっても、日本の女性は常に美しい笑顔を浮かべている、というようなことを書いているんですね。

ラフカディオ・ハーンが、日本がすばらしいと言ったのは、日本人が太陽のめぐみを大事にするからだったのです。太陽からのめぐみに感謝して生きるという心のバックボーンを持っている日本人に、すっかり心を奪われたということですね。

とにかく、わたくしたちの生命の一番目の原因として、わたくしたちの先祖が大事にしたのは太陽だったということ、これはみんな、頭のどこかに置いておいてください。

もちろん、太陽を大切にし、太陽に感謝して生活した人は、日本の古代人だけではありませんね。古代のエジプトでも、古代のインカでも、インドでも、インドネシアなどでも、太陽を大切にして、太陽に感謝をささげて生活しています。

これは、とてもいいことだと思います。新しい世紀は、よく「地球人」の世紀だといわれています。二十世紀までは、各国が、独立して政治や経済の活動を行ってきたのですが、二十一世紀は、法律も、だんだん国際法にもとづくようになり、世界政府とか世界連邦とか、文化にしても、すでに、世界の文化遺産などが指定され、どんどん地球が狭くなり、地球が一体化しています。

法隆寺も姫路城も日光も国宝であると同時に、世界の文化遺産になりましたね。鹿児島県の屋久島は、世界の自然遺産として、ユネスコが認定しています。

かつては、文化も違い、歴史も違い、伝統も違い、なにもかもが違っていた世界各国の人が、「地球人」として一体化していく時代が、もう、すぐそこまで来ていると思うのです。これからは、違っている文化や伝統のなかで、各国の違いを認め、理解し、敬愛し、お互いにいい点を学びあって、違ってはいても、けっして争うことなく、仲よく、平和で、明るい地球時代を創っていかなくてはならないと思うのです。二十一世紀は、一国が孤立しては、生きてはいけないのですよ。

太陽の運行と人間の生命を結びつけて、太陽を崇拝した国は、日本のほかにもたくさんあります。ただし、太陽が人間の生命の根元のエネルギーであることを、「日の本」、つまり「日本」という国名にまでしたのは、わたくしたちの国だったということは、日本人としてどうかお忘れになりませんように……。

君たちはコマを回して遊んだことがあるかな。

――〈黒板にコマの絵をかく〉――

コマにひもをまきつけて、さっと投げる。コマがクルクルと回っているとき、真中の棒だけはまっすぐに立っています。この真ん中の棒がぐらつくと、コマは倒れてしまう。真ん中の棒、これを心棒というんですね。

新幹線のレールの上を走ってるあの車輪だって、心棒がなくて、あの丸い車輪だけだったらどこへ行くかわかりません。自動車もそうです。どうしてクルクル回って走れるんですか。支えの心棒があるからですよ。

太陽さんに感謝して、みんなで仲よく太陽のいのちを生きる……これが、日本人の心棒だったのです。

大地・自然がなければ生きていけない

さあ、生命の原因、わたくしたちが生きている原因の一番目は太陽だとわかりました。では、二番目の恩は何でしょうか。何でわたくしたちはこうして生きていられるのか。その二番目のめぐみは何でしょうか。

いくら太陽があっても、日本の大地・自然というものがないと、わたくしたちは生きてはいけないんです。空気も、山も木も水も田んぼも含め、日本の大自然がないと、いくら太陽があってもわたくしたちは生きていけない。それで、命の原因の二番目にわたくしたちの先祖は日本の自然を大事にしたんです。日本の大地・自然というものがあるから、わたくしたちは日本人としてここに生きていられるんですね。

「大地」・「自然」は、明治時代からは、特に国土というようになりました。国土があるから、わたくしたちは日本人としてここに生きていられる。つまり生命の原因の二番目は日本の自然、日本の国土にあるんです。

みなさんは家から学校に来るときに、どこの大地・自然を踏んできましたか。日本の大地・自然ですよ。「おれは国の世話にも、国土のお世話にもなってない」なんていう人がいたら、とんでもない話ですね。この学校も日本の国土の上に建っているんです。そういうことをはっきり自覚しないと、わたくしたちは自然とか大地のありがたさを忘れてしまうんです。日本の大地だからこそ、こうして家が建つ。ですから、日本の民族は大地・自然を大事にしたんです。

大むかしから山には神様をまつって自然を崇めました。富士山には木《この》花開耶《はなさくや》姫《ひめ》という女神様がいるんです。大山には大山祇尊《おおやまつみのみこと》という男神様がいる。山にはみんな神様がいるとして、わたくしたちの生命にとって大切な自然を崇拝したんです。大地・自然を限りなく尊ぶ教育をしたのです。そうして、人間と自然とを一緒のものと思って、自然をなるべく破壊しないで、自然を美しく守って近代までやってきたんです。

これは、なにも日本に限ったことではありません。過去の世界のほとんどの国の人たちが、自分の住んでいる大地・自然を大事に守り育ててきたのです。人間と自然との親和力を強め自然を守り、自然を育てる教育をしていったのですね。

ヨーロッパ人が憧れる日の丸の旗

さて、ついでにお話ししておきますが、国旗というのはわたくしたちが住んでいる国土のマークです。日本の大地・自然のマークです。そのことをよく頭に置いてくださいね。この日本の大地・自然のマークに、わたくしたちの民族は太陽のマークを使ったんです。実は、わたくしたちの国旗の日の丸は、太陽の丸です。日の丸は、国旗である前に、実は、わたくしたちみんなの命の原因のマークだったんです。「日」とは太陽のことなんですよ。

ヨーロッパの人たちが、日本についてまず羨ましがるのは、日本の国旗ですね。「いいですねえ！」って言うんです。ヨーロッパの国旗は、ほとんどが三色使っています。三色使わないと、なかなかいい国旗ができないのです。日本の国旗は、なんと白地に赤です。あんなにシンプルであんなに存在感のある国旗はないって言うんですね。世界の人はわたくしたちが思っている以上に日の丸に憧れているんですよ。日本はすばらしい。太陽のマークを国旗にしたといってね……。

各国の国旗を知って、その国の理解を深めよう

もちろん、太陽をデザインした国旗は、日本だけではありません。七千以上の島が集まって独立国となったフィリピン共和国も、国旗の左側に白地に金色の太陽をデザインしています。

また、バングラデシュ人民共和国の旗は、日本の「日の丸」と一番よく似ています。バングラデシュの国旗は、緑の地に赤い太陽がデザインされています。日の丸の白地を、緑に変えると、バングラデシュの国旗

となりますね。この場合、緑はイスラム教への信仰と農業の発展を祈り、赤の丸は、独立戦争で亡くなった人の鎮魂と太陽のめぐみを象徴しています。

ちなみに、アメリカ合衆国の国旗がなぜ、あのようなデザインになったのでしょうか。

アメリカは、かつてはスペインとイギリスの支配下にありましたが、一七七六年に独立しましたので、翌年の一七七七年に国旗をつくっています。アメリカの国旗は星条旗といいますね。アメリカは独立した当時は、十三の州が合州していましたから、横に赤と白で十三本の横線をひき、十三の星をつけました。赤は、アメリカの母国であるイギリスを指し、白は、独立したアメリカを示しています。その後、州が増えるたびに星が増加され、現在の国旗は一九五九年にハワイが加わって、合衆国は五十州となったので、五十の星が示されているわけです。

ついでにイギリスは、どういう意味を持った国旗なのでしょうか。

イギリスの国旗が生まれたのは、一八〇一年のことで、アイルランドとイングランドとスコットランドとの三国が併合したときです。あの日本の米《こめ》という字に似ているイギリスの国旗は、なんと、その三つの国の国旗が組みあわさって出来ているのです。白地に赤の斜め十字は、アイルランドの「セント・パトリック旗」、青地に白の斜め十字はスコットランドの「セント・アンデレ旗」、中央の赤十字がイングランドの「セント・ジョージ旗」。イギリスの国旗はこの三つの王国の合体なのです。ですからイギリスの国旗を「ユニオンジャック」といいます。ですからイギリスの別の国名は「グレートブリテンおよび北部アイルランド連合王国」というのですね。

イタリアは、たいへん古い歴史を持つ国ですけれども、イタリア王国として統合されたのは、一八六一年のことです。そのときに採用された国旗が、統一運動のシンボルだった赤・緑・白の中央に王家のマークのついたものでしたが、一九四七年にはそのマークを除き、緑は自由と国土を表わし、白は平等と雪を表わし、赤は博愛と愛国を表わす国旗となっています。

じゃ、ドイツの国旗は、どういう意味を持っているのかな。

二つの世界大戦で敗れたドイツは、東西二つの国に分断されていました。が、一九九〇年に統一されました。統一されてからは、西ドイツのものが使われています。横線で黒と赤と黄色の国旗です。これは、十九世紀にナポレオンとの戦いに参加した学生たちの黒服と赤い肩章と金ボタンに由来しています。この国旗は一八七一年から（ナチス時代を除き）ドイツの国旗として使われていたものです。今日では、黒は勤勉、赤は情熱、黄色は、名誉を表わすというように、その色が意味するところだけを改めています。

さて、東洋でもっとも大きい国、日本のなんと二十五倍以上ある中国、正しくは中華人民共和国の国旗の意味するところは、なんでしょうか。

中国は多くの王朝による統一と分裂を繰り返した後、第二次世界大戦終結後の国民党と共産党の対立を経て、一九四九年に中華人民共和国となりました。そのときに国旗が制定されました。その国旗は、「五星紅旗」と呼ばれます。赤地に五つの星があり、一つは大きい星で、四つは小さい星です。この一つの大きい星は、中国共産党を表わしており、あとの四つの小さい星は、①労働者と②農民と③知識階級と④愛国的資本家を表わしています。

さて、わたくしたちの国にいちばん近い国の大韓民国の旗を見たことがありますか。韓国の旗は「太極旗」といわれるものです。この太極旗のデザインは、なんと七世紀も前から存在しています。それが国旗と制定されたのは、一八八七年です。「太極旗」の中心の円の赤と青は陽と陰を表わしています。まわりに、☰と☲と☷と☵の四つの模様があります。それぞれ☰は天を表わし、☲は火を表わし、☷は地を表わし、☵は水を表わしています。大韓民国の国旗全体で、宇宙における万物の均衡と調和をシンボルしています。

世界は一九〇か国（二〇〇一年現在）ありますが、国際会議や国家的な行事が行われるときには、必ず、国旗が掲げられることになっています。

オリンピックやワールドカップなどの国際的なスポーツ大会では、その大会に参加する国のすべての国旗が掲揚されるのです。

ここでは、数国の国旗の説明しかできませんでしたが、すべての国旗が国家を象徴する大切なシンボルです。国旗の色やデザインには、それぞれの国の歴史とか宗教とか、または地域の特色とか、国が大切にしている理想とか主義を表現しています。

ですから、みなさんが海外旅行をするときには、せめて、旅行でいろいろ見学させていただく国の国旗の意味していることがなんであるかをよく理解してから、出掛けたいものです。そのような知識をだんだん深くするところから、国際社会という地球全体を正しく認識し、おたがいの友情を深めていくこともできると思うのです。

そこでわたくしたちも、よりよき国際人となるために、まずは日本の国旗についても、その歴史と意味するものを学んでおきましょう。

ナショナル・フラッグをつくりなさい

さて、日本の国旗は、いつ、だれに要請されてつくらなければならなくなったのでしょうか。そしてまた、国旗は、初めから「日の丸」だったのでしょうか。

少し歴史をさかのぼって考えてみましょう。

アメリカのペリー一行が黒船四艦に乗り、琉球を回って神奈川県三浦半島の浦賀沖に現れたのは、嘉永六（一八五三）年六月三日のことでしたね。ペリー一行は、すぐさま徳川幕府に強硬に開国を迫ったのです。

このとき、停泊していたアメリカの大型蒸気軍艦四艦には、アメリカ合衆国の国旗・星条旗が海風に堂々と舞っていたのです。当時の日本人は、あの星条旗がなんであるか、まったくわかりませんでした。

この黒船は、風に吹かれて進むのではなく、蒸気の力で風に向かってぐんぐん進みます。この米国最初の蒸気軍艦を建造し、その初代艦長になった人こそ、ペリーだったのですね。大風にも平気で進んで行くとてつもなく大型の黒い船の渡来は、日本全土に宣伝され、日本国民を震え上がらせたのです。

そのアメリカのペリー艦長が、鎖国をやめて通商・交易の開国をするよう、幕府に強く求めてきたのです。幕府の困惑は極点に達しました。が、とにかく、とりあえずその交渉を明春まで延ばしてほしいと切望してやっとのことで退去してもらったのです。そのときペリーは、

「それでは、中国で来春まで待っている。次に来るときには、もっと大

艦隊で来る」

と言い残して去って行きました。その時に、ペリーは、幕府の役人たちに、つぎのことを忠告したのです。

「アメリカの黒船のまわりに、たくさんの小さい日本の船がやってくるが、旗をつけていない。日本には、ナショナル・フラッグ（国旗）というものがないのか。ナショナル・フラッグをつけていない船は、どこの国の船ともわからないから、大砲を撃ち込んで沈めてしまってもいいことになっている。来年来るときまでに日本の船には日本の国旗をつけて走るように……。もしナショナル・フラッグをつけていない船が近づいて来たら、沈めます」

日本の船に掲げる旗は「中黒」

徳川幕府は、ペリーの艦隊がふたたびやってくるまでに大船十二隻と蒸気船三隻を建造する計画を立てました。翌春、ペリー一行の大艦隊が東京湾に現れたときには、日本の大艦隊を海上に浮かべて、船の上にナショナル・フラッグをかかげようと決議したのです。

薩摩藩主、島津斉彬《しまづなりあきら》（一八〇九―一八五八）が、

「日本の船には日本の船だという旗印・船印というものが何かなければ、アメリカの黒船とまぎれてしまう。また、それをつけなければ、大砲を撃ち込まれる。日本でもナショナル・フラッグをつくろうではないか」

と、日本の旗をつくるように、幕府に願い出ました。

この時、島津斉彬は、城内の座敷から桜島に上がる朝日を見て、
「あのさわやかな輝き出ずる太陽の光を以て、鎖国の夢を覚まさなければならぬ。日本の将来は古代から日本人がいのちの恩として愛してきたかがやく太陽のようでなければならぬ……」
と考えます。そして、この太陽のマークである「日の丸」を日本全体の総船印とすることを幕府に提案しました。

ところが幕府では、大半の重役が「日の丸」に反対でした。そのため、日本国の大型の総艦隊の船には、中黒（白地の中央に黒の横一文字）を用いるほうがよいという強硬論ばかりでした。

日がたつにつれて、幕府の中では、「日の丸」にするか「中黒」にするか、たいへんな議論がわきあがってきました。が、幕府の上位の役人

は、絶対「中黒の旗」だと強く主張しつづけました。

この両論に対して、水戸の徳川斉昭《なりあき》（一八〇〇—一八六〇）は、昔から多くの国民が親しんできた日の丸に決定するように幕府に申し渡します。でも、依然、幕府は「中黒の旗」を強引に押し通しました。

いよいよ、安政元（一八五四）年に、かねてオランダに注文してあった日本の最初の大船が長崎港に到着しました。さあ、その船にナショナル・フラッグをつけなくてはなりません。しかし幕府はどうしても「中黒」の国旗を主張して譲りません。国民の中にも、だんだん「中黒」の国旗では暗い感じがする、太陽のマークである「日の丸」の方がいい、というような噂話がわきあがって来ました。そこで、日の丸賛成派の諸侯は、「日本総船の旗印を決定せざるを得なくなったが、日本のナショナル・フラッグは『日の丸』にすべきだ」と、海防参与《かいぼうさんよ》（海軍総責任者）

であった水戸の徳川斉昭に最終意見を求めたのです。

水戸の斉昭は、もとより「中黒」の旗には反対でしたので、「日本の海防参与として命ずる。日本の総旗印は、日の丸にする」と、大声をふりしぼって、断固決定したのです。この恐ろしいほどの気迫に負けて、ついに幕府の重役たちも「中黒」の旗の意見を撤回したのです。その年の七月九日、江戸老中の阿部正弘から大小の目付へ「達《たっし》」が渡され、七月十一日付で「日の丸」をナショナル・フラッグにするとの決定が天下に布告されることになったのです。「日本総旗印ハ、白地に日ノ丸幟相用ヒ候フ様」（日本全体の旗印は、白地に日の丸の旗を使用する）という布告でした。

このようにして、白地に太陽の「日の丸」の旗が日本の旗印となり、ナショナル・フラッグとして船の上に美しくはためき出しました。あのとき、もし幕府の重役たちの意見通りに決定されれば、おそらく今日の日本の国旗は白地に黒の一本線の「中黒の国旗」になっていたのです。

はじめて太平洋を渡る太陽のマーク

安政七（一八六〇）年、いよいよ「日の丸」は単に船印ではなく、日本の国旗（ナショナル・フラッグ）として、遣米使節団とともにアメリカ大陸に渡ります。そこで、「日の丸」はアメリカ人の大歓迎を受けたのです。

この遣米使節団の正使であった新見正興《しんみまさおき》ら八十名は、アメリカの軍艦ポーハタン号に乗りました。ポーハタン号と並行して、日本ではじめての蒸気船の咸臨丸《かんりんまる》が、太平洋の大波を蹴って航行します。咸臨丸には、あの名艦長・勝海舟の指揮の下に九十名が乗り込んでいました。船のマストに日の丸を高く掲げ、三十数日をかけて太平洋を横断、無事サンフランシスコに到着したのです。

勝海舟たちは、サンフランシスコの港に入る前、国際的な礼儀にしたがって、咸臨丸に大きいアメリカの国旗を掲げて、ポーン、ポーンと礼砲を響かせます。すると、港に停泊していたたくさんのアメリカ船のマストに、するすると日の丸が掲げられ、歓迎の祝砲が放たれたのです。三十数日をかけ、わが国の船を初めてアメリカに渡航させた日本人たちは、咸臨丸の甲板に整列して、サンフランシスコの港に翻るたくさんの日の丸を眺め、胸を締めつけられ涙を流しました。

サンフランシスコでの平和友好の任を果たすと、咸臨丸はそのまま日の丸と星条旗をなびかせながら、パナマを回って、その年の四月二十八日にいよいよニューヨークへ到着することになりました。

上陸した勝海舟たちは、早速使節を乗せるアメリカの四輪馬車に乗りましたが、その馬車の四方にもなんと、日の丸がはためいていました。港から町に出ると、ホテルの屋根にも、立ち並ぶ店の店頭にも、ずらりと日の丸が飾ってあるのを眺め、日本の使節団は胸を熱くしたといわれます。

さらに、勝海舟たちを感激させたのは、街頭に立ち並んでいたアメリカの子どもたちが手に手に日の丸の旗を持ち、大波のように打ち振って歓迎してくれたことでした。

アメリカで友好を結んだ使節団は、文久元（一八六一）年には、イギリス、オランダ、ロシア、フランスにも渡ります。そのいずれの国でも、マストの上には日の丸をはためかせました。シンプルな日本の日の丸の国旗は、ヨーロッパ各国で大いに好感を持たれ、大歓迎を受けたのです。

オランダのロッテルダムでは、船から上陸すると、赤いじゅうたんが長々と敷かれ、その両脇に日の丸が掲げられていたことも、使節団の巡行の日記に記されています。さらに市中に入ると、オランダの国旗、ロッテルダムの市旗、そして日の丸の順序で、町の中央通りに美しく日の丸が立てつらねられており、一行の胸を躍らせたと記されています。

このように、日の丸は実は江戸時代末期から世界に翻《ひるがえ》って、たくさんの国との親和や和睦のために、平和の使徒として大活躍していたということも決しておろそかに思ってはなりません。世界各国の国旗は戦争のときにだけ使われているのではないのです。

大地と自然のめぐみ

大地・自然。つまり、国土というものは、うっかりすると、わたくしたちが生きている生命となんの関係もない、というふうに思ってしまいます。一見なんの役にもたっていないようですが、日本の国土というものが、実は、わたくしたち日本人の生活を保証しています。

当り前といえば、まことに当り前の話ですけれどもね、わたくしたちは日本の国土、日本の大地でないところは、歩くことさえできないのです。

きみが、アメリカへ行ったとします。

「ああ、きょうはアメリカへでも行ってこようか」

とか、なんとかいっても、そのままではアメリカの大地、アメリカの国土を踏んで歩くことはできないのですね。

アメリカの大地、国土を歩くには、パスポート（旅券）やビザ（入国許可証）が必要ですね。

外国の人が、日本へ来るときも、入国の許可証が必要です。許可がなければ、不法侵入者として逮捕されてしまうのです。

いいですか。いかに二十一世紀は地球人の時代だといっても、地球の各国が一つにまとまって、地球国という一国になるには……いや、なれるかどうか。とにかく、時間はかかるでしょう。

とすれば、それまでは、自分が行きたい相手の国の許可をいただいて、その国の大地・自然の中で数日とか数週間、生活させてもらうという意識はぜひとも必要なわけですね。

さらにその上に、どこの国へ行っても、その国の人たちが大切にしている文化とか伝統とか思想とかについては、よくそれを理解し、大切に、大事に思い、敬愛しなくてはなりません。

きみたちが、海外に旅したときに、まず、念頭に置いてほしいことは、世界各国の人が、共通して大切にしているものは、まずはそれぞれの国の「国旗」というものだということなのです。アメリカの人は、「星条旗」という国旗の下に協力して生活しているのですね。イギリスは「ユニオンジャック」という国旗の下に、長い歴史の文化と伝統を誇っているのですね。

なぜ、世界各国の人が、そんなにも、国旗を大事に思っているのでしょうか。その一つには、国旗とは、国のシンボルでもあると同時に、領土権を表わすものだからなのです。国旗が立っているところは、自分たちの大地であり、自分たちが永住していい自然であるという権利を示しているからなのです。

これはちょうど、みなさんのお宅の玄関にかかっている表札とほとんど同じと考えるとわかり易いですね。森田さんの家なら、表札には「森田」と書いてある。だから森田君はそこでなんの許可もなく生活できるんです。この表札がなくなって、ある日突然、なにかの事情で「山口」という名前の表札になってしまったら、森田君はこの家に入ることができないんです。山口さんにお願いをして許可を得なくてはなりません。そうですね。お家を売ったりなんかして、森田さんの表札が山口さんの表札になったら、もう森田さんは家には無許可では入れないでしょう。それと同じなんです。

ですから、もしもこの「日の丸」がなかったとしたら、どこの国の人が入ってきて永住してもいいということになります。そこで、アメリカに行けばアメリカの国旗が立っているんです。中国へ行けば中国の国旗、中国の国土のマークが立っているんですね。中国の国旗が立っているここは中国の人だけはこの国土に自由に家をつくり、生活してよろしい。中国の人だけは永住してもいい領土ということなのです。

国旗というのは、わたくしたちの生命の原因、わたくしたちの命の恵みの二番目である国土・自然のマークというわけですね。なぜわたくしたちは生きているのか、なぜわたくしたちがこうして生命を保持できるのか、その二番目の原因（恵み）である自然。その自然のシンボルマークが国旗であるということもよく考えましょう。そうすると、国旗というのは、掲げるとか掲げないとかの問題ではない。それは、理屈抜きで掲げなければ、わたくしたち日本人はここに住むことはできないということもよくわかってくると思うんです。

国際人、国際人といっても、そういう常識がわからなければ、国際人になれません。アメリカ人にとって、アメリカの国旗はかけがえのない大切なものなのです。もし私たちがイギリスへ行ったら、イギリスの国旗を大切に思わなくてはなりません。たった十日間の旅であっても、その十日間はイギリスの国土のお世話になるのですから……。うっかり、そのイギリスの国土のマークに敬意を表さないで無礼な行動をとると、大変なことになるのです。

きみたちは、アメリカへ行ってもイギリスに行っても、そういう国際的なものの基本というものを何も知らない。でも、それはみんなが悪いんじゃない。僕ら大人たちがそういう国際的な常識をわかっていなかったから、みなさんに教えることができなかった。みなさんが悪いんじゃない。僕たちの世代が、そういうことにあまりにも無関心であったことが悪かったと思うのです。

僕たちの世代は、とかく日本のものはみんなダサイと言って潰してきたんです。日本には悪いところもある。悪いところは、どんどん反省して直していきましょう。けれど、こういういいところがあるじゃないかということに、わたくしたちの世代はあまりにも見向こうとしなかったように思います。日本はこういう点は悪いけれども、こういう点はいいんだっていうことが説けなかった。

日本の文化や伝統のスポーツの中にも、世界の人が同じ心で喜び、楽しんでくれるものが、たくさんあったのですね。柔道もそうです。空手や相撲もそうです。能も狂言も、歌舞伎の玉三郎さんの踊りも、茶道も書道も弓道も……数えあげると、キリがないほどですね。前にものべた世界の文化遺産や屋久島の太古の森林も好い例ですね。わたくしたちの世代のほとんどの人が、金、かね、カネと金銭ばかりを追いまわして、そういう世界の人にも喜んでもらえる文化・伝統・スポーツがあったということさえ、あまりにも忘れてきたような気がしてならないのです。

考えてみると、大人たちも、大きい戦争に負けたりして、とにかく食べるのが精一杯で、日本の良さを発見するというような時間もなかったし、とにかく経済的に復興する事が第一と思ってがんばってやってきたんですから、みなさんもまあ、そこは大目に見て許してやってやってください。

でも、二十一世紀を迎えるにあたって、やっぱりわたくしたち大人がいたらなかったことは「悪かった」と謝まらなくてはならないと思います。謝りますから、みなさんのなかでも、あ、これはいい、これは世界の人たちにも喜んでもらえると思うようなことがあったら、その日本人の文化や伝統芸能やスポーツを大切にして育てていってください。

もうすぐ、みんなの時代になるんだよ。もう十年もたったら、みんなの時代なんだ。みんなのジェネレーションなんだ。みんなが国際舞台に立ったときに、国際的な常識というものをよく理解して、他国の人に無礼なことをしないで、日本人としての平和な、文化的なバックボーンを持って、世界中の人たちと仲よくやっていける、そういうすばらしい国民に成長してくださいね。

そうしないと、結局みんなが不幸になるんだ。外国のまねばっかりしていて、自分の国の良さが少しもわからない。それじゃいくら努力しても他国の人から信用されない。他人の良さをまねするのもそりゃ大事だけれども、同時に自分自身の良さも知らないといけない。そうじゃないと、他律的に振り回されてくるくる舞いして、目をまわしながら生きることになるよ。

国歌「君が代」について

ちょっと、気になることがあります。それは、よく、女子学生から、

「先生、君が代の意味を教えて」

とか、

「君が代のうたは、どの歌集にのっているんですか？」

とか、

「君が代は、だれがつくったの?」

とか、つまり「国歌」についての質問が、このごろとても多いのです。

あなたは「君が代」のうたが、いつごろできたと思いますか。昭和の時代、いや、大正時代、いや、もっと古く明治時代……このうち、みなさんが答えてくれるもっとも多い時代は、明治時代でした。

ところが、「君が代」のうたが生まれたのは、実はもっと、もっと、ずーっと前、いまから、およそ八百年も前の鎌倉時代だったのです。

一二二八年に書き写された『和漢朗詠集《わかんろうえいしゅう》』という歌集に出ています(『和漢朗詠集』の初代本は一〇一三年、藤原公任《きんとう》によって選ばれたものです)。

君が代は
千代に八千代に
さざれ石の
いは《(わ)》ほ《(お)》となりて
こけのむすまで

冒頭にある「君が代」の「君」とは、あなたとかキミという意味です。「代」とは、寿命とか、生命とかいのちという意味ですから、「君が代」という言葉の意味は、あなたのいのち、あなたの寿命となりますね。

「千代に八千代に」とは、いつまでも、いつまでも長く続きますように……です。

さざれ石の
いわおとなりて
こけのむすまで

これは、いつまでも長く続くということの譬《たとえ》です。細かい小さな石が、長い年月の風化によって、大きな岩のようなかたまりになって、その岩にいっぱいこけが生えるようになるまで、どうぞ、それくらい、いつまでも、元気に長生きしてください……と。

「君が代」のうたは、いまから約八百年も前からあったことに、わたくしたちは、ちょっとびっくりしますが、実は、この「君が代」のもととなったうたは、もっと、古くからあったのです。
「君が代」のもとの歌は、「古今和歌集《こきんわかしゅう》」（九〇五年につくられた歌集で全二十巻から成っています）に載っています。

題しらず　　読人しらず

わがきみは
千世にやちよに
さざれいしの
いは《(わ)》ほ《(お)》となりて
こけのむすまで

（古今和歌集三四三）

古今和歌集の原歌《もとうた》では、「君が代」が「わがきみ」となっていることに、注目してください。「わがきみ」とは、昔は、女性が尊敬したり、愛したりした男性に対して用いたことばです。すると、このうたは「読み人知らず」でだれが詠んだかは、まったくわかりません。が、平安時代（八百年ごろつくられたと考えられています）のある女性が、敬愛する自分の男性に送った「恋のうた」であったことがわかります。解釈すると、つぎのようになります。

「わたくしの愛する人のいのちが、どうかいつまでも長くつづきますように、たとえば、小さな小石が寄り集まって、ギッシリと固まって大きな岩となり、それに苔《こけ》が生えるまで、どうかおすこやかに生きていてくださいませ」

わたくしたちの国家「君が代」の原歌《もとうた》は、平安時代の女性の、愛する男性への恋のうただった。素適なことだと、思いませんか。軍国主義のうただなんて、どこで、どう間違えてしまったのでしょうか。とても、悲しくなります。

この「君が代」の「君」は、天皇さまをさしているという見方もあります。が、上代では、天皇さまをさして「君」というご無礼な表現は、みつかりません。天皇さまのことは、「君」ではなく、「大君《おおきみ》」という尊称で申し上げる。あるいは「代」ではなく、「御代《みよ》」と申し上げるのが普通だったのです。天皇さまの御寿命の長からんことを祈ってつくった歌もたくさんありますが、それらは、「大君《おおきみ》の代」か「君が御代《み》」となっています。または、「すめらぎの代」、「すめろぎの代」という尊称語を使用しています。

今日では、そのような区別はありませんから、国民が天皇さまに対して、御寿命がいつまでもおすこやかでありますようにと、こころをこめてご祝賀するときには、君が代の「君」が「大君《おおきみ》」と同じ尊称になるわけですね。

さて、これで、質問の
一、「君が代」の意味……
二、「君が代」の歌が出ている歌集……
三、「君が代」は、だれによってつくられたか。
おわかり、いただけたでしょうか。もし、「ああ、よくわかったよ」といってくれれば、とても、うれしい。

さて、そこで、なんと、なんと、なんと……。びっくりすることがあります。

世界のいろいろな分野での世界一の記録集、イギリスの「ギネス・ブック」を知っていますね。そこに、日本の「君が代」が、世界でもっとも古い国歌である、（The oldest national anthem）と書いてあります。ちなみに、それを英文で紹介します。

The oldest national anthem is the Kimigayo of japan, the words of which date from the 9th century.

日本語にすると、こうなります。

「世界最古の国歌は、日本の『君が代』である。その歌詞は、九世紀に始まる」

わたくしたちの国歌「君が代」は、世界で最も古い歌として、世界の人たちから認められていたのです。

ただ、ここで、しっかりと、心にとどめておいてほしいことがあります。「君が代」は、千年も前から国民みんなの歌として、田植え歌や小唄や謡曲や盆歌として歌われていました。そのときの「君が代」の「君」の意味は、「あなた」でした。が、明治時代に国歌（ナショナル・ソング）として、国家のさまざまな行事に天皇さまの前で国民が歌うようになりました。そのときには、「君が代」の「君」は、当然天皇さまを意味することになります。逆に天皇さまが、国民に対してお歌いくださるときは「君が代」の「君」は、当然、国民のみなさんを意味することになります。ですから国歌となってからの「君が代」の意味は、天皇さまの御寿命と、もうひとつ、わたくしたち国民一人一人のいのちがいつまでも長く続くようにと祝っている歌だということですね。「君が代」の「君」は天皇さまをお迎えしたときには「天皇」の意味、国民同士が歌うときには、すぐそばにいる「あなた」という二つの意味があるということを、よくわきまえておいてくださいね。

外国から学んだら、日本の良さをお返ししよう

ヨーロッパの人、アメリカの人はみんな言うんです。日本人にゲーテの話はしてもらいたくない。日本人にシェイクスピアの話はしてもらいたくないと。日本人には『源氏物語』を教えてもらいたい。日本人には『徒然草』を教えてもらいたい。日本人には芭蕉の『奥の細道』を教え

てもらいたいって、みんなそう言っているんです。

ところが日本の文化人のほとんどは、外国の文化や文芸ばかり勉強して、日本の文化や文芸の良さをあまり学ぼうとしないのです。一、二の文化人は別にして、とにかく外国の模倣ばかりしていることが多いですね。いくら国際化といっても、向こうから学ぶことばっかりであったら、いい友情は結べません。向こうをまねたり、向こうからもらうものがあったら、十もらったら十、日本にもこういういいところがあるんだよと、日本の文化・伝統の良さを、こっちからも十返すようにしないといけない。そうすれば、対等な立場で、胸を張って、国際社会で生活をすることができると思うんです。日本の文化や伝統についてあまりにも無知な人は、外国の人から教養人としては認められませんよ。

かつて来日したブルーノ・タウトさんが、こんなことをいっています。

「日本人は礼儀正しく勤労意欲が盛んで勉強もよくする。しかし、あまりにも自分の国について知らなすぎる」

と。

わたくしの塾では、中学生は勉強の前の三十分間、座禅を組みました。ある塾生が、ボーイスカウトをやっていて、その関係でアメリカのサンフランシスコへ行きました。そして、そのホームステイ先で、朝三十分、自分で座禅を組んだんです。すると、その家の人が「私たちも座禅をやりたいと思っていた。でも、いままで教えてくれる人がいなかった。ぜひ教えてくれ」と言って、そのホームステイ先のお父さん、お母さん、子どもまでみんな一緒に朝、その期間中、座禅を組んだというんですね。

ほかの人たちは、ただお世話になって帰ってきただけです。わたくしのその塾生は、座禅も教えたし、お茶も点《た》てたんですね。その家族の方は、座禅を教わった、抹茶の点て方も教わった、ティーセレモニーもわかったと言って、彼は帰るときに、「ありがとう、ありがとう」と、とても感謝されたというのです。わたくしはこれだ！　と思うんですね。

わたくしたちは向こうからいいものをたくさんもらった。しかし向こうの人も、日本について勉強したいことがたくさんあるんです。日本について聞きたいことがたくさんある。なのに、日本人自身が日本の文化や伝統を知らない。これじゃあ、日本人って自分の国のことを知らない。教養がないなあって、他国の人に軽蔑されるのも当然ですね。「日本人って何ですか」。こんな基本的な問いにも答えられないんですから……。教養人とは、自国の文化や芸術や伝統をよく理解し、その一つか二つをしっかりと身に付けている人のことをいうのですよ。

苦しい生活の連続の中から

いいですか。いままでの歴史を学んでもわかるでしょう。わたくしたちの先祖、わたくしたちの民族は、とにかく一日三食、食べるものが食べられる国、着るものが着られる国、狭くてもいいから何とか雨露をしのげる小さい家、これを子孫に持たせたいと、そう思ってがんばってきたんですね。五十年前、百年前までは、朝、昼、晩、日本人は三食十分には食えなかったんだぞ。まともな服なんか着れなかったんだ。服なんて、僕らはみんなお兄さんのお下がりでしたよ。小学校の入学式だって、自分の服は買えなかったんですよ。もちろんおやつなんかはほとんどありません。夕食を抜いたこともあるんです。昼ごはんだって、飯がないときは、さつま芋どころか、芋ヅルなんかを食っていたんです。

いままで、この二千年の間、僕たちの民族はなかなかいい生活ができなかった。そういう国がいまでもありますね。戦争ばかりしなくては生きていけない気の毒な国や、朝昼晩と三食食べられない民族がまだたくさんあるのです。実はちょっと前まで、僕たちの国も、そういう不幸な状況だったんですよ。

今日になって国民みんながんばって、やっと朝昼晩三食、栄養のあるおいしい食事がとれるようになった。やっと着るものも自由に着られるようになった。やっと個人の家が建てられるようになった。こんなにも、恵みの多い国、こんなにも平和で美しい国土・自然に対して、もし、きみたちが感謝できないとしたら、不幸なのは諸君ですよ。

感謝をするのは、他人の問題じゃないんだね。ああ、ありがたかった、ああ、自分でよかったと、自分が自分自身でそう思ったときに初めて、それじゃ自分は何をしたらいいか、どういう夢を持ったらいいかがわかるんだよ。自分自身の在り方に感動し、感謝するということは、何のことはない、きみたち自身の人生にとってすばらしいことなんだ。

自分に対して強い不満があったり、自分の文化や伝統に関心を持たないということは、自分の人生というものが発展しないということです。それでは人生が充実しないのです。明るく平和な自分の文化や伝統、これがわたくしたちの心棒なんです。心棒のないものは回転しないんですよ。

感謝して生きる人間が幸福な人間

太陽に感謝する、大地・自然に感謝するといっても、それは国のためでも何でもない。日本の自然に感謝したって、自然さんには何の得にもならない。太陽に感謝したって、太陽さんには何の足しにもなりませんよ。自然さん、ありがとう。太陽さん、ありがとう。自然と太陽がわたくしの命の大元です。こういうふうに感謝して、得をするのは実は自分なんですね。

幸福とは何ですか。何のことはない、感謝して生きることができる人間が幸福だったんです。いくら金があったって、いくら物があったって、いくら地位があったって、ちっとも感謝できない人は、幸福になることはできない。逆に物質的にいくら不自由をしても、ありがとうという感謝の気持ちがあれば、けっこう幸福になるものなんですよ、楽しくなるものなんですよ。そういう気持ちもすごく大事だと思うんだな。感謝したところで、太陽さんは別に喜びやしませんよ。感謝して得するのは、実は君ひとりであるということを、どうか忘れないでほしいんです。

幸福になるか不幸になるか、自分が伸びるか伸びないかは、諸君の心一つなんだ。他人じゃないんだ。生きている自分をどのように大きくとらえ、いま自分が生きていることに感謝できるかどうか、これ一つです。

わたくしがここで感謝する心が、きみを伸ばし、きみを大きく育てていくだろう、といっているその感謝の対象は、きみを生かしめているところの人間共通の生命の「エネルギー」に対してなのですよ。

それは、けっして、単にきみだけの生命の原因の力ではない。きみの友だち全部、いや生きとし生けるもの全部の生命の原因なのです。地球に存在する全部の生命は、みな、この恵みによって生きている。そういう、大きい生命の元について、きみが心から感謝をすることによって、自分が人間であると同時に、大自然の子であるという自覚に至るのです。この自覚こそが、きみを伸ばし、きみをもっと大きく育てるであろうと、わたくしは言っているのです。

自分の人生を充実させていくのは、親でもないし、先生でもないし、環境でもないように思います。きみたち自身が感謝する心を持てるかどうかだと思うのです。感謝する大自然を持つためには、自分で考えて発見しなきゃだめ。それは、人が教えてくれるものではない。自分でありがたいと思うものを、大自然の中に発見していくことなんです。

このみんなの共通の生命、みんなの共通の恵みに対して、感謝の心を育てることが、実はわたくしたちの民族の「心の教育」だったんです。

わたくしたちの先祖は、「みんな太陽さんに生かしてもらっている、だから太陽さんに感謝しましょう」ということで、朝、みんな、「太陽さん、ありがとう」と言ったんですね。そうしたら一日一日が感謝感謝じゃあないですか。うまくいかないことがあって、不安な気分になったとしても、そんなものすぐ消えますすよ。そういう生き方をしてきたのがわたくしたちの民族なんだね。

「だから、明日から太陽に感謝しましょう」――そうは申しません。諸君の中で、「ああ、わかった。じゃあ、おれはそうしよう」と思った人がいるなら、ぜひやってみてください。朝でなくても、昼間でも夕方でもいい。太陽に手をかざして「ありがとう」と言ったら、気持ちがすっきりすると思いますよ。

よく、この話をしますと、たくさんの手紙をもらうんです。この間は、小学生からももらいましたよ。「太陽さんのように僕は元気にがんばります。太陽さんのありがたさがわかりました」。たった三行の手紙でした。お母さんのお手紙には、「太陽に感謝して私もやっと日本人になれました」と書いてこられるのです。

わたくしたちは生命の伝承の最前線に立っている

さて、いよいよ生命の原因の三番目。いくら太陽があっても、いくら自然があっても、わたくしたちは生きられないのです。わたくしたちの生命の原因の三番目は、父母なんです。この「父母」とは、お父さん、お母さんだけを意味するのではありません。そのお父さんのお母さん、そのまた先のお父さんのお母さん、ずーっとずーっと……。つまり民族ですね。わたくしたち日本の民族、長い間の父母です。そういう人たちがいたから、わたくしたちはいま生きている。それで三番目に、「父母の恩」と言って父母の恵みを大切にしたんです。

みなさんの家のお墓に行くと、「先祖代々」（先祖のいのち）と書いてあるでしょう。あれです。一番目に太陽の恩、二番目に自然の恩、そして三番目には父母の恩を、わたくしたちがいま生きている生命の原因として尊んだのです。

父母の恩とはいっても、たまにはお父さんやお母さんと意見が合わないこともあるでしょう。みなさんが生きている現代の意見と、お父さん、お母さんの時代の意見がぴったりと合うのはなかなかむつかしいのです。

だから、意見が合わないなら合わないでいいのです。僕もそうでした。母とは時々喧嘩《けんか》もしてました。ずいぶん無礼なことも言いました。だけれども、最後の最後には、どんなに話の通じないお父さんであっても、ちょっと口うるさいお母さんであっても、とにかく僕がいま生きているのはお父さん、お母さんが原因であるということを、ちょっとは思い出してください。

そして、たまにでいいから、お父さんのお父さん、またそのお父さん、そういう生命の伝承というものがあって、いま自分がここに生きているのだということを思い出してほしいのです。自分の生命というものを、もう少し大きいスパンで見てみてください。そうすると、現実の自分の存在は、その長い長い生命の歴史の頂点に立っていることがわかるんですね。これはすごいことなんです。

何千何百代もの生命の伝承のトップに立って、いま、きみは生きているんだね。生半可なことじゃないんだぞ。きみはポッと湧いて出てきたんじゃない。長い間、民族の先輩たちが食うものもあまり食わず、子どものため、子どものためと汗を流し、苦労して苦労して受け継いできた尊い尊い生命なんだ。みなさんだってあと十年、二十年もたてば親になる。愛する者同士が結ばれて子どもを産んで、その子どものために自分の一生をかける、その子どもたちが、きみの生命をまた次へと続けていくんだよ。

たまには静かにそういうことを考えて、生きているということに感動することですよ。生きているということは大変な事件なんです。

お母さんを「太陽」と呼んだ日本人

ところで、僕が小学校の一年のときのある日、「ただいま」って家に帰ると、お母さんがいないときがありました。お父さんに、「お母さんどうしたの？」と聞くと、「稲刈りで実家へ手伝いに行ったよ」と言う。そして、「きょうはお母さんがいないから、おれが温かいうどんをつくってやる」と言って、親父がうどんをつくってくれました。ところが、温かいうどんのはずなのに、お父さんのつくったうどんはなぜか冷やっこいんです。

一方、「ただいま」と家に帰ってお母さんがいるときは僕はいつでも「お母さん、何かないの？」と聞きました。すると、母は「おまえは人の顔さえ見れば食い物のことばっかり言って、食いしん坊だね。そこに、ほら、芋があるよ」って言う。そういうときは決まって、きのうふかしたさつま芋が目ざるの中に入っていました。かかっているふきんを取ると、芋はいつもひゃーッと冷たいんです。だけれども、お母さんのそばで食う芋は不思議に温かかった。

これは、もしかすると女性には理解できないかもしれないけれども、男性にはわかってもらえると思います。お母さんが家にいると黙っていても明るいのです。あたたかいのです。それで、わたくしたち男は自分の妻に対して、「日身（カミ）」に「さん」をつけて「日身（カミ）さん」と言ったんです。丁寧なところでは、これに「お」をつけて「お日身（カミ）さん」といったんですよ。

何でしょうか。この「日身（カミ）」という意味は？

「カ」は古い言葉では「カカ」といいました。もっと古い言葉では「カアカア」といった。さらに古い言葉では「カッカッ」といったんです。「カカ」「カアカア」「カッカッ」。これが「カ」となるんですね。「ミ」というのは、わたくしたちの身体という意味です。ですから、「日身（カミ）」とは、わたくしたちの身体は「カカ」の身体である、「カアカア」の身体である、「カッカッ」の身体であるという意味なんです。

では、「カカ」「カアカア」「カッカッ」という音は、古代では一体何を意味したのでしょうか。「カッカッ」というのは、太陽が燃えている様子を表す擬態語でした。「カッカッ」とは、実は太陽のことを指したのですね。「カアカア」「カカ」という音も同様です。つまり、わたくしたちの体、わたくしたちの命は太陽の命の身体であるということを、「日・身（カミ）」（太陽の身体）と言ったんです。

「カミ」の「カ」に「日」という漢字が当てられているのを見れば、「カ」が太陽のことを意味しているということがわかるでしょう。「日身（カミ）」とは、太陽の体、太陽の身体という意味だったのです。

お母さんはいつも明るくて、あたたかくて、しかも朝、昼、晩、と食事をつくってくださって、わたくしたちの生命を育ててくださいます。わたくしたちの身体を産んでくださいます。母親というのはわたくしたちを産み、その上私たちを育ててくれます。母親は太陽さんのような恵みの力によってわたくしたちを世話してくれる。母親はまさに太陽さんそのものだということから、母親のことをむかしは「お日身（カミ）さん」といったのです。

江戸時代の職人たちは「日（カ）」の古い言葉の「カアカア」をとって、「うちのカカア」といいました。子どもたちもこの古い言葉の「カカ」をとって、「うちのカカさま」といった。ですから、いまでも歌舞伎では、お母さんのことを「カカさま」というんですね。この「カ」が残って、いま「おかあさん」というんですよ。おかあさん……の「か」は、なんと太陽さんという意味だったのです。

わたくしたちは、千年以上も以前から、子どもたちが自分の母を「太陽さん」と呼んでいたということには、わたくし自身もびっくりいたしました。

女生徒のみなさんはいかがですか。あと数年たって結婚して、子どもをお産みになる。すると、みなさんは子どもから、おかあさん、つまり太陽さんと呼ばれるんです。亭主からもお日身《カミ》さん、太陽さんと呼ばれます。今日みなさんが「おかあさん」といっているこの「か」は太陽の意味ですよ。

ことのついでにお話ししておきます。前にものべたように「日身（カミ）」とは、太陽の体、太陽の生命という意味で、小さい意味ではお母さんを指していますが、広い意味だと、これはお母さんだけではなく、わたくしたち一人ひとりが「日身（カミ）」なのです。ヨーロッパの神ゴッドは、天にまします創造主の神です。そして人間は神のしもべです。でも、日本の「日身（カミ）」は天にいる神ではなく、きみたち一人ひとりを指していうのです。西洋では「神」と人間は違います。しかし、日本の「カミ」は、人間一人ひとりなのです。

日本の国土のマーク「日の丸」が太陽なら、うちに帰ってお母さんを呼ぶにも「太陽さん」と呼んだ。しかも、人間一人ひとりのことも「日身（カミ）」、太陽さんと呼んだ。そうやってわたくしたち日本人は「日の本の人」、つまり太陽を基本にして生きる人として教育されてきたんです。社会で、家庭で、いつも太陽との親和力をなくさないように、太陽に感謝して、太陽のように丸く、明るく、みんな仲よくやろう。それが、日本人の原点であったということなんですね。

日本人が、古代よりもっとも大切にしてきた言葉、それは「和」(みんなで仲よく)という言葉です。いまから約千四百年前につくられた日本最初の憲法十七条の第一に、わたしたちはみんなで「和」というものを尊びましょう、とあります。

お父さんは「尊い人」という意味

ついでに、それではなぜ父親のことを「おとうさん」というのでしょうか。

女性たちは結婚してから思ったのです。夫《おっと》は、自分や子どものために一所懸命外へ出て働いて、毎日毎日の糧、生活の糧を運んでくれる。女性たちに危害を与える賊が来ると追い払ってくれる。「まあ、なんて尊いお方だ。やっぱり、夫も太陽さんのように尊い人だ」と言ったのです。この「尊（とうと）」いという言葉から、お父さんのことを「とうと」というようになる。いまでも、石川県の能登半島の真ん中に行くと、父親のことを「とうと」とはっきりいっているんです。歌舞伎のセリフの中でも「カカさま」に対して「トトさま」といいますね。この「尊い」

の「ト」が残って「おとうさん」というんです。

わたくしたち日本人は家庭で母を太陽と呼び、父を太陽のように尊い人と呼んで、そうして日本人の太陽を愛するこころの心棒をつくったんです。今日では、父母のことを「パパ」だとか「ママ」だとかという人が多いようです。「マンマ」というのは万国共通語で食べ物のことをいうんですよ。元は「マータ」だったという語源説もありますけれど、通説では、マンマとは食べ物のことをいうのだそうです。お母さんはいつでも食べ物を与えてくれるのでマンマ。

お父さんはどうしてパパというのか。「ファータ」という語源説もありますが、通説では、お父さんは広い畑の隅っこで、長い葉巻をパッパとやってるからパパというのだそうです。

もしも、それが本当なら、わたくしたちは、毎日お母さんを「食べ物」と呼んで、お父さんを「葉巻」と呼んでいることになります。それでは日本人の家庭教育ができないように思います。これはわれわれ大人の世代がよく考えなければいけないことだったのですね。「おとうさん」「おかあさん」。こんないい言葉の意味をまったく知らないで、それをみんなで無視して、ただひたすら外国でそういっているからといって、「パパ、ママ」とやっちゃったんですね。

ですが、「明日から、パパ、ママはやめて、おとうさん、おかあさんと呼びましょう」……そんなことは言いませんよ。流行ですからパパ、ママと呼んでもいいのです。けれども心の隅のどこかには、お母さんとはこういう意味だ、お父さんとはこういう意味だということは、どうか覚えておいてください。

五分間の面会のために駆けつけた小林多喜二の母親

文学史でやったと思いますが、昭和時代初期に、『蟹工船《かにこうせん》』という小説を書いた小林多喜二《たきじ》という作家がいました。いま、この『蟹工船』を読むと、小林多喜二の一体どこが悪かったのかわかりませんが、そのときの不幸な時代の風潮に災《わざわ》いされて、多喜二は憲兵に逮捕されて刑務所に入れられてしまいました。

刑務所で多喜二は二畳、一坪の部屋に入れられました。彼の仕事は真冬に雑巾を絞《しぼ》って床の上を拭くことでした。床は汚れてはいない。けれどもそれを毎日拭かなければいけない。疲れてバタッと床の上に倒れると、憲兵が鞭《むち》を持って飛んで来て打ちました。もう目は腫《は》れ、頭も剃《そ》られて、見るかげもない格好になりました。面会謝絶です。

ところが、刑務所にも同情の涙があったんですね。一人だけ面会が許されました。それは、北海道の小樽で多喜二の帰りを待っているお母さんでした。多喜二のお父さんはすでに他界していました。お母さんだけが家にいました。そのお母さんのところへ、刑務所から手紙が届きました。「三日後の十一時から五分間面会を許す。五分でよかったら東京の築地署まで出頭しなさい」という手紙です。

それをもらったお母さんが、何と言ったと思いますか。「五分はいらない」と言ったのです。「一秒でも二秒でもいいから、生きているうちに息子の多喜二に会いたい」。そう言って、貧乏のどん底だったのですが、近所でお金を借りました。弁当代までは借りられなかったそうですが、往復の汽車賃だけを借りて、その夜、雪がハラハラと舞っている小樽駅を出発しました。

いまみたいに新幹線が走っているとか、特急列車が走っているとか、そういう便利な時代ではありません。雪が降ると、汽車はすぐ停まってしまうんです。すると多喜二のお母さんは、とことことホームを歩いて行って、駅長さんに次の駅に汽車が停まっているかどうか訊《たず》ねる。そして、次の駅に汽車が停まっていると聞くと、五、六キロの雪道を歩いて行って、前の汽車に乗り換えたというんです。駅員からも駅長さんからも、「おばあちゃん、だめだ、そんなことしたら危ない」と言われても、「こんなところで一晩待っていたら多喜二に会う時間に間に合わない」と言って、駅をつなぎにつないで、やっと当日の午前十時半に刑務所に着いたのです。

憲兵さんが見て、あまりにも寒そうなので、お母さんのところへ火鉢を持って行った。すると、お母さんは、「ああ、ありがたいけど、多喜二は火にあたってないんだから、私もいいです」と言って、よたよたと火鉢を持って面会室の端っこに置いてしまいました。

今度はもう一人の憲兵が、朝の食い残りのうどんを温めて差し出しました。「お母さん、何も食べていないんでしょう、食べなさいよ」と。それでもお母さんは手を横に振って、「いや、多喜二は食べていないからいいです」と言って、よたよたっとしながら、そのうどんも火鉢のそばに置いてしまいました。疲れ果てて食べる気力もなかったのでしょうね。

十一時ぴったりに、多喜二が二人の憲兵に連れられて来て、母親の目の前にすわりました。多喜二はもう、お母さんの顔を見られませんでした。ひたすらコンクリートの床に顔をつけて、「お母さん、ごめんなさい」と言ったきり顔が上がらないのです。ややあってから憲兵が二人来て、「ほら、お母さんだ、見ろ」と言って、グイと耳を持って多喜二の顔を上げました。

お母さんは、しばらくその顔を見ていたけれども、目は腫れ、顔は痩せ細り、頭は剃られて、自分の息子かどうかもわかりません。お母さんは絞り上げるような声で、

「多喜二か、多喜二か？」

と聞きました。

「はい、多喜二です。お母さん、ごめんなさい」

と多喜二はそう言ったとたん、パーっと滝のような涙を流して、ふたたび床にひれ伏してしまったのです。お母さんも「たきじーッ」と泣き声で叫んだきり、もう何も話せません。

母親に信じてもらった人間は天国へ行く

二人が泣きながら鉄格子からさし出した手を取り合っている間に、たった五分の面会時間が、一分、二分、三分と過ぎていきました。見るに見かねて、憲兵がお母さんのところへやって来て言いました。「お母さん、お母さん、しっかりしてください。あと二分ですよ。何か言ってやってください」と。

ハッと気がついたお母さんは、残りの二分間、多喜二に、繰り返し繰り返し、こう言ったのです。

「多喜二ッ。おまえの書いたものは一つも間違っておらんぞーッ。お母ちゃんはね、おまえを信じとるよーッ」

こう言い続けて、雪の小樽へ、ひとり帰って行ったんです。

多喜二は一度は釈放されますが、すぐまた逮捕され、死刑を待たずに獄中で死にます。その死の瀬戸際、憲兵が鞭を振り上げると、多喜二がしきりに何か言っています。しかし、口は動かしても、もう声にならない。コップに水を一杯やり、「何か言いたいことがあったら言え」と言うと、水を飲んだ多喜二は震える手をやっと挙げて、臓腑《ぞうふ》から絞り出すような声で、こう言いました。

「待ってください、待ってください。私はもうあなたの鞭《むち》をもらわなくても死にます。この数か月間、あなた方はみんなで寄ってたかって、私を地獄へ落とそうとしましたが、遺憾ながら私は地獄へは落ちません。なぜならば、母が、おまえの書いた小説は一つも間違っていないと、私を信じてくれた。むかしから母親に信じてもらった人間は必ず天国へ行くという言い伝えがあります。母は私の太陽です。その母が、この私を信じてくれました。だから、私は、必ず、天国へ行きます」

ときどき息を絶えながら、最後の力をふりしぼり、そう言い切って、彼は、にっこり笑って、この世を去ったというのです。

多喜二のお母さんは、漢字が一つも読めないんですよ。片仮名がほんの少ししか書けなかった。だから、息子の書いた難しい小説は一行も読んでいないのです。にもかかわらず、「おまえの書いたものは間違っていない。お母さんはおまえを信じておる」と声を張り上げて言ったそうです。

「今日は」「さようなら」の意味も太陽に関係があった

さて、いよいよ話を「今日は」「さようなら」に戻します。

「今日は」の意味も、「さようなら」の意味も、その挨拶だけを独立させて考えてしまうと、その真意がつかめなくなります。

外国人は、よく「さようなら」についてはは疑問を持ちますが、「今日は」については無関心です。が、わたくしたち日本人は、「今日は」という言葉にも無関心であるわけにはいかないのですね。

わたくしたちが知人に出会ったとき、「今日は」という挨拶のほかに、「お元気ですか」という表現を使っています。この二つは、それぞれが

孤立した応答ではなく、

「今日は、お元気ですか」

と続いていた挨拶なのです。

この「今日は」の「今日」という言葉は、現在では、きのう、きょうという意味での「今日」となっていますが、実は、古くは太陽の意味であったのです。

いまでも、太陽のことを「今日様」と呼ぶ地方はたくさんあります。高知の土佐では「こんにちさん」、新潟の刈羽では「こんにっさん」、岐阜ではこれがなまって「コンニッツァマ」と呼びます。これらはいずれも太陽の意味なのです。

夏目漱石の小説『坊っちゃん』の中にも、

「そんなことをしたら今日様《こんにちさま》（太陽）へ申し訳ないがなもし」

というようなセリフがありますね。

昔は、どの地方でも太陽のことを「今日様」と呼んだのですから、

「今日は」

という挨拶は、

「やあ、太陽さん」

という呼びかけであったのです。

「元気ですか」の元気とは、元《もと》の気《エネルギー》という意味ですから、太陽の気《エネルギー》をさすことになります。つまり、「今日は、元気ですか」とは、あなたは太陽のエネルギーが原因で生きている身体だということをよく知って、太陽さんと一緒にあかるく生きていますか、という確認の挨拶だったのです。

それを受けて、

「はい、元気です」

と答えます。つまり、

「はい、太陽さんと一緒に元気に生きていますよ」

と応答するわけです。それから、

「さようなら（ば）、ご機嫌よう」

となります。

「機嫌」とは、「気分」とか、「気持ち」という意味です。したがって、

「さようなら、ごきげんよう」の意味は、

「太陽さんと一緒に生活しているならば、ご気分がよろしいでしょう」

となります。

「今日は、お元気ですか」

「はい、おかげ様で元気です」
「さようなら、ご機嫌よう」

これが、わたくしたちの挨拶の基本だったのですね。

江戸時代までは、「さらば、ご機嫌よろしう」とか「さようなら、ご機嫌よう」と全部を言って別れていたのです。ところが、明治以後になると男性が「さようなら」と言って、女性が「ご機嫌よう」と掛け合いのように、言い分けるようになりました。しかも、昭和になると、女性のほとんども「ご機嫌よう」とはいわないで、「さようなら」だけを言って別れるようになってしまったのです。

今日でも、老人の女性方で、まだ「ごきげんよう」と言って別れる方がいらっしゃいます。が、日本人の大半の男女が「さようなら」というつなぎの言葉だけを言って別れ、「ご機嫌よう」とは言わなくなってしまったので、いつの間にか、誰にもその意味がわからなくなってしまったのです。

このようないきさつを考えてみると、日本の挨拶は、やっぱり太陽さんとつながっていたことがわかりますね。

「きょうは、太陽さんと一緒にやっとるかね」

「おかげさんで、太陽さんと生きていますね。ありがとうでござんす」

「そんなら、気分は上々だぁーね」

というわけです。

まことに気分のさわやかな挨拶ではありませんか。

最後に女生徒のみなさんへ、男性諸君へ

女生徒のみなさん、きっとあと十年もたてば、愛する人を見つけてほとんどの方が結婚なさるだろうと思います。どうかそのときには、その愛した男性に対して、「お尊（とう）様」とおっしゃってください。「尊い人」と言って差し上げてください。そうすれば、男性諸君も一生懸命、自分が愛した女性の生命の安全と、あなた方が産んでくださった子どもの養育のためにがんばると思いますよ、汗かいて。そのように尊んでくれれば、男性は、女性のみなさんを太陽として崇めて、わが家の「太陽さん」（お母さん）と呼んで、あなた方の目が悲しみの涙で曇らないようにがんばってくれると思います。

夫婦が尊敬し合って、いたわり合っていけば、健全な子どもさんに育っていくと思うよ。だから、どうか女生徒のみなさん、明るく、太陽さんのような日本人の母になってください。

そして、男性諸君、君たちは太陽をバックボーンにした日本の男性になってください。女性から、子どもから「尊い人」（おとうさん）と呼ばれて恥ずかしくないように、しっかりとした心のバックボーンを持って、元気にがんばってください。酒によっぱらってくだをまいたり、興奮して愛する女性に暴力をふるうなんてことは、一切してはなりません。君は「尊い人」おとうさんなんだからね。

さて、みなさん！

たしかにアメリカ、イギリスなどの諸外国には、学ぶべきいいものがたくさんあります。それはもちろん学ばせていただきましょう。しかし、まず初めにやらなければいけないのは、自己を知ることですよ。自分の国の文化や伝統の価値を知ることですよ。人からもらうことばかりではない。自分の国にある自分の国の文化の価値を知ること。そこから出発しなかったならば、外国のまねばかりして、劣等感だけ持った腰抜けの人間になって、この世を終わることになりますよ。

他人から学ぶと同時に、人からは絶対にまねられない自分、ほかからはだれもまねられない自分というものをしっかりと確立してください。それがみなさん自身の心棒なんです。そして、自分たちが大切にしているもののように、他国の人たちが大事にしている世界各国の文化とか、伝統とか宗教とかを、真心を込めて大切にしていくことですよ。

そのように思って、どうか日本人としての自分の人生に大きな太陽のエネルギーを感じながら、世界の隅々にまで視野を大きく広げて平和な人生を送ってくださるようにお願いします。

一時間半の予定を、何と二時間近くもお話し申し上げました。最後まできちんと聞いていただいて、本当に感謝しています。何のお役にも立たなかったかもしれないけれども、一つでも二つでもみなさんの心に残ったなら、こんな幸せなことはないと思っています。

本当に長い間ありがとうございました。(拍手)

——礼

第二部　「日本のこころ」

——高校生たちはこう受け止めた

第二部への序

講演した日から十日ほどたって、花巻東高校から、大きいダンボール箱が届けられたのです。

「何だろう?」

そう思って、箱をあけてみると、なんと全校生徒七百名の感想文でした。

すぐさま、飛びつくように読みはじめました。

一枚一枚読み進むにつれて、わたくしの胸は、だんだん熱くなりました。

七百名全員の感想文を載せたいくらい、どの作品も一生懸命に書いていただき、感謝のほかはありません。みんなが、この「日本のこころ」の話を、真剣に受け止めてくれています。

残念ですが、紙面の都合もあり、この感想文のなかから数十篇を選び掲載することにしました。それも全文載せられず、要点となる部分だけを抜粋させていただいております。

ほんの一部の高校生の感想文ですが、どうか参考になさってください。

著　者

【三年生】

文化講演会っていやだなあといつも思って聞いていました。

しかし、今年は少し違っていました。境野さんの登場する姿で、今年の講演会は違うと思い、いつもなら始まって十五分くらいで眠ってしまうのに、今年は、講演を最後まで聞いてしまいました。

その内容は、なぜ、日本の国旗は日の丸なのか、なぜお母さんをおかみさんなどというのかという、いかにも日常的な素朴な疑問についてでした。講演を聞いていると、なにげない言葉でも、けっこう深い意味があるんだなあと感じました。今年の講演会は私の一生にとってとてもためになってよかったです。

（三年　高橋晃生）

とっても感動した。とても心にしみるような言葉ばかりで感動した。日本は太陽の国だということも、よく考えさせられた。この話を聞いて日本についての考え方が少し違ってきたような気がする。この話を世界中の人に聞かせてあげたほうがいいんじゃないかと思った。世界中の人々もきっと日本という国に感心してくれるに違いないと思った。

ここまで、日本人の心について語ってくれたのは、いままでこの人しかいない。つぎからつぎに話してくれた日常の言葉の意味、お父さんやお母さんのこともすばらしい言葉であった。境野さんは日本人のことをここまで深く考えているんだなあと思い、思わずグッときてしまった。

（三年　高橋正季）

実に感服しました。自分にはいま、心棒がありません。毎日をふらふらして、心がつぶれています。

最初、「日本人のこころ」という題だから、古臭いと思っていました。また、もしかしたら武士道のような礼節などの精神でも教えてくれるのかなとも思いました。でも、実際の内容は国際社会に対するいまの日本、まわりの大人は教えてくれない日本人としての在り方を話してくれたので、眠気もふっとんで聞いてしまいました。久しぶりに人前で話す大人の言葉に共感が持てたし、自分に対して話してくれているようにも思いました。

自分にいま必要なのは、信念にも似た心の心棒だと思います。

（三年　清水正勝）

いままで私は、「日本人とは何なのか」ということについて、一度も考えたことがありませんでした。今日、境野先生のお話を聞き、日本人とは何なのかが少し見えたような気がします。

「日本人とは太陽に生かされている、日が本で生きていることを自覚している民族なのだ」という先生のお話に、何か妙に納得という感じとともに、日が本で生きている、なんていう考え方はすごくすてきだと思いました。

「日本はカミの国だというのは、本当は日本人一人ひとりが日身だからカミの国なんだ」というお話は、日本人の一人として私一人だけでも誇りを持てるような、そんな感じがしました。驚いたのは「お母さん」「お父さん」という言葉の由来です。なにげなく使っている言葉にも、こんな深い意味があるとは思いませんでした。

いまの日本人は私も含めて、日本人ならば知っていなければならないことをあまりにも知らないと思いました。

（三年　阿部寿子）

私は境野勝悟さんの講演を聞いて初めて、講演がおもしろくてためになると思いました。

私は、日本という国で生活をしていながら、日本という国はあまり良くない国だと思っていました。日本は戦争で負けて、外国の支配の下で生きているような気がしていました。そのため、なぜか日本人はひかえめでいるような気がして、それが普通だと思って、自分もそんな性格になっているのを、はっと気づかせるような講演でした。

外国の人が自分の国を自慢しているのをよくテレビで見かけますが、日本人は日本の国をけなしてばかりで、日本の国に自信を持っている人を見たことがありません。境野勝悟さんが言った日本の心の話で、日本人として自分に自信が持てるようになりました。

（三年　高橋宣裕）

日本人は日本の良き文化、文学に目も向けず、外国の文化・文学を次から次へと受け入れてきた。これからの二十一世紀では、日本のよき文化・文学・伝統を知り、国際社会人として、外国の人たちとも仲良くやっていこうと思う。

自分は自分、他の誰でもない。まず自分がこうして太陽の光の中で生きていることに感謝・感動し、誰にも真似されない自分をつくっていきたいと思う。

（三年　照井孝治）

たしかに、境野先生がおっしゃる通り、私たち日本人は、何も知らない外国人に、「日本って何ですか」「日本人とはどういうものですか」と聞かれたならば、きっと何も答えられないだろう。言葉につまり、いまの政治面などの悪い批評ばかりが頭にめぐり、日本の伝統的な文化や思想などは、一つも説明することはできない。これは、日本に生まれ、住んでいる者として、恥ずべき事である。

その原因を境野先生は、先生たちの世代が悪く、もっと私たちに日本を明確に示してあげなくてはならなかったと反省しておっしゃっていた。しかし、この問題は私たち若い世代の、日本人としての自覚のなさも原因している。先生の世代が、いくらがんばって日本の姿を提示したとしても、私たちが自覚を持たなくては話にならない。先生の世代に原因があるとは一概に言えない。

今回、このような境野先生の話を聞いて、私たちは、日本をより明確に見いだすことができた。日本人の心、太陽を敬い、太陽に生かされている私たちという考えを持つこと、そして、小林多喜二の母子にみられるように、子供を信じ、両親を敬うこと、これが、日本の思想、日本の心の文化だった。

今日、先生の話を聞いて、ああ日本とはそういうものなのか。今まで何も日本について考えていなかった私は、教えられた思いだった。また同時に、日本とは美しく、すばらしい国ではないかと考えた。

日本といえば、すぐ、ここが悪い、ここがいけない、などの悪い意見しか今まで耳にしなかったが、なぜ大人たちは、この美しい思想を持った日本人の良い面を提示しないのだろうかと感じた。

（三年　佐藤奈々）

最後にお話しされた、「母さん」の話は、とても真剣に聞きました。「おかあさん」という呼び方は、「カミさま」がなまったという話は、本当になるほどと思いました。だから、母親には頭が上がらないし、カミさまだったから子ども（私たち）を産むこともできたのではないかと思います。

今回の講演を機に、日本人の心をますます大切にしようと思います。

（三年　大原牧子）

先生の講演、大変興味深く、また感激して聞いていました。それは、常日頃自分が考えている「日本人とは何か」という形而上の疑問に、明快にわかりやすく答えてくれたからです。

私たちは、日の丸（国旗）の意味を知りません。だから、特定のイデオロギーでもって、日の丸を憎み、攻撃し、日の丸は侵略戦争のシンボルだったと、繰り返し熱心に叫びながら、戦後日本人は日本を嫌いになったのです。

私は、日の丸が好きです。先生は、日本人は古来より太陽を畏れ、崇めてきたのだ。だからこそ国旗には太陽を、国名には日（太陽）の本、とつけた。太陽さんのように明るく、仲良く大らかに力強く生きていこうという意味を込めて、われわれ日本人は生きてきたのだという、日本人の心を教えてくれました。私は嬉しくなりました。

戦後は反日の時代だと思います。しだいに日本の心をもつ日本人、健全な日本人が消えていきました。

私は司馬遼太郎の「この国のかたち」を三巻読みおえたところです。

改めて、日本人のユニークな文化・倫理を知りました。私はこの国が好きです。だから、誇りを持って堂々と「私は、日本人の菊池です」と名乗りたいと思います。

やがて、先生の言葉を聞いた人のなかから正常な国際感覚と、平和で正常な愛国心が芽生えていくことを期待します。私自身も、和服をいなせに着こなし、源氏物語の一節でも諳じてみせるような男になりたいと思いました。

（三年　菊池亨）

境野先生の話を聞いて、日本（人）に対する考え方が変わりました。

学校教育のなかで国旗・国歌のあり方がさまざまなところで問われて

います。その結果、政治の力によって義務化することに決まったようですが、一体何のためにそこまで強制するのかが、私にはわかりませんでした。

私は、国旗も国歌もあまり好きではありませんでした。国旗については白地に赤い丸がぽつんとあるだけで、いったい何を表しているのかわからず、見ていてもただ殺風景で、どこが日本の象徴なのかがわかりませんでした。国歌もスローテンポで音も暗く、歌詞の意味もよくわからず、日本のイメージはこんなに暗いものなのかと思っていました。そして、何か式があるたびに歌わされているため、いつも押しつけられている感覚しかありませんでした。

しかし、今回の話を聞いて、あんなにシンプルな国旗のなかに、太陽をイメージした「日の丸」に、日本人のさまざまな心の意味がかくれていることがよくわかりました。お父さんお母さんという言葉のなかにも、親を尊く思う気持ちが込められていることも知り、日本語は奥が深いと思いました。

国のこと、日本人であることを押しつけるのではなく、本当の意味を日本人全員が理解をしなければならないと思いました。この講演をもっと多くの人に聞いてもらいたいです。

（三年　高橋良枝）

「日本人とは何か」

私はいままで、このようなことを聞かれたこともなく、考えたこともなかった。しかし、今回境野先生の講演を聞いて、この質問に何と答えるべきかがわかった。

日本の国旗には太陽が描かれている。太陽とは、いつも明るく輝いて、生命のあるすべてのものを育て、希望を与えるものと辞書には書かれてあった。まさに、これが日本人なのだと境野先生は言いたかったのではないか。

私は将来、外国人と接する仕事がしたいと思っている。そのためにも私は、英語さえ一生懸命勉強すれば、いわゆる国際化につながると思っていた。しかし、英語を話せる日本人はたくさんいても、日本のことをちゃんと理解して、そのことを英語で話せるようにならなければ、真の国際化とはいえない。

今回は、普段考えたことがなかった、「日本人の心」について深く考えさせられた。これからは、太陽のように明るく、まわりに希望を与えられる存在になりたい。そして、もっと日本の伝統についての知識を深めていきたい。

（三年　高橋加代）

【二年生】

私が今日学んだことは、たくさんありすぎてどう言っていいのかわからないが、日本人はすばらしいと思う。今までは「日本」というものは当たり前の存在であり、深く考えることもなかった。むしろ考えることさえも頭になかった。今日は当たり前だと思っていたことすべてに考えさせられた。そして、改めて「感謝」という言葉の重みや「先祖」のすごさを知った。

日本という国名を生み出した人を私はすごく尊敬する。こんなにも深い意味があったなんて……と、この講演を聞きながら何度も思った。とにかく日本人がこんなにもすばらしいものだったとは、思ってもみなかった。私にとってこの講演は生きていく中で忘れることができないものになった。

（二年　千葉志穂美）

今回初めて、日本国の国旗はすばらしく、そしてかっこいいということに気づきました。日本は太陽にもとづき、明るく豊かに生きていくという意味で、この日本国の国旗が「日の丸」になったことを学べて良かったと思います。これからも、日本人としてがんばっていきたいと思います。

（二年　菊池幸太）

講演を聞いて、わたしは最近朝日を見ていないな、と思いました。わたしは、夕日でいろいろな色にそまる雲や、風に少しずつ流れていく雲を見るのが大好きです。それに、太陽が山の隙間から出てくるのと沈んでいくのも大好きです。その時の太陽が一日の中で一番大きく見えて、太陽が少しづつ動いているのが一番感じられるからです。そういう太陽を見ると、ああ、私はきょうも太陽と一緒に生きているんだと、ちょっと得した気分になります。今日の講演で、日本の国旗は太陽だと聞いて、とてもうれしかったです。

（二年　佐藤伊津美）

僕らは日本という国に住んでいる。そして、そこで日を浴びて生きている。でも、日本は外国のいろいろな部分を吸収してきた。おかげで日本にあった日本独特のものがすっかり失われているような気がする。

今回国旗の話がでた。少し前に国旗をめぐっていろいろな事件があった。こんなことが起こるのは日本ぐらいではないだろうか。それだけ一人ひとりの中にある日本というものがバラバラだということなのだろう。

正直なところ僕は日本より外国に憧れていた。それはやはり、まわりに外国風というものがあふれているからではないだろうか。

しかし、今回の講演で、僕はいろいろと考えさせられた。いま、まさに僕は日本人なのである。日本でしか体験できないこともたくさんあるのに、僕はそれを無視するかのように生きていたように思う。もう少し、日本というものに親しんで生きてみてもいいかなと考えさせられた。

（二年　山田剛士）

境野先生が黒板にコマの絵を書いて、軸を心にたとえ、「心棒」を説明されたとき、私は「わかりやすくて、たとえ方がうまいな」と、ボソッとつぶやいてしまった。私は、こういう講演会に、いままでは全く興味を示さなかったんだけど、理解するのが遅い私でもよく理解できたので、境野先生はただものではないと思った。はっきり言ってスゴすぎる。私の心を初めて動かしてくれた講演だと思った。

（二年　駿河美貴子）

日本の教育と外国の教育の違いは、外国はどれだけ自分の国の国民として良い人間になれるかを重視していて、日本は記憶力の偏差値を上げることを重視した教育だ。日本はいつからそういう教育方針になったのだろう、と思った。勉強ができればいい大学に入って、いい仕事に就ける。いまはこういうシステムになっていると思うけれど、実際は勉強ができても、人間としてできているかは別だと思う。人間として大切なものをしっかりもって生きているなら、勉強が不得意でも、運動ができなくても、胸を張れると思った。

（二年　多田恵理）

この講演を聞いて、人間は感謝の気持ちを持つことが大事だと思いました。最近は、この感謝の気持ちがない世の中なので、事件の多い社会なのだと思います。感謝の気持ちを忘れると、だれが困るのかというと、一番本人が困って損をするということもわかりました。この講演で感謝の大切さにきちんと気づき、理解できたので、これからの生活では、常に何事にも、どんな小さなことにでも感謝の気持ちを持ちたいと思います。

（二年　小野寺直喜）

私は、日本の国旗はすてきだと思う。

いま日本では「戦争を思い出すから、日の丸を国旗にしたくない」という人がいるが、この先生の話を聞けば、この国の国旗をだれもが好きになれると思いました。

（二年　大森裕子）

日の丸は、天皇が決めたものではなかった。私は講演を聞いたとき、びっくりした。あの旗ができるまでは、とてもとても多くの歴史があったことを講演会で聞いて、なぜみんながそんなに騒ぐのかと思った。

日本人は、いまこんなに便利な生活をしていて、こんなに楽なんだ。

この生活をつくってくれた先人たちは、今の私からすれば、大変な生活をしながらがんばってくれたのだろう。すごくすごく大変だったんだろう。

（二年　小田島明子）

日本人というのは不思議なもので、自分の国に誇りというものを持っていない。アメリカ人のようにアメリカという国に忠誠を誓える教育を受けてないからだ。忠誠どころか、日本に反感をもつ人だっている。そのため、自分に自信がなく、積極的ではない人間が多い。

この講演は、自分の国に対する考え方、自分自身の人生についての考え方が主なものだったが、どの話も、日本人がみんなで考えていかなくてはいけないことではないだろうか。

（二年　吉田和行）

【一年生】

私は、文化講演会で先生の話を聞いて、いままであった講演会とはどこか違うことに気がつきました。それは、話に共感が持てたのか、全然あきずに時間がたつことも忘れて話を聞けたし、その話を聞いたときに深く考えることができたことです。いままで、日本とはどういう意味かわからなかった。でも今日の話で私は日本についての大切なことを知って、日本の見方を良いほうに変えることができ、とても満足しています。

（一年　菊池由希子）

地球を照らしてくれる太陽、家族の一人ひとりを照らしてくれる母。どちらもあったかくてやさしくて、とても好きです。

境野先生は日本人であること、「日の本」の意味をわかり易く言っていました。私は自分が日本人で生まれてきたことをとてもうれしく思います。そりゃ、髪色は栗色、ブルーのひとみ、足が長くてナイスバディの外人みたいになりたいとは思いますが、真っ黒な髪とひとみ。それはそれでいいと思うし、逆にかわいいと思います。和服も外人には似合わない。日本人だけがキレイにカワイく着られる自慢の服だと思います。日本の国旗、日本人であること、そして日本の文化。境野先生の話を聞いて、改めていいもんだなあと思いました。日本人は外国ばかり見ないで、もっと日本を見ることが大切だと思いました。

（一年　小原美由紀）

私は前まで、生まれなきゃよかったっていつも思っていました。生まれても良いことがない。学校にいってもつまんない。一日一日、そんなことを考えていた時期があった。友達関係でもめたり、テストの点が悪かった時、親を苦しめていた。

そんな自分が嫌いだった。生きている自分さえ嫌でピークに達した時、泣いて親の所へ向かった。

「こんな子どもでごめんね。頭悪くてごめんね。わがままでごめんね」

そしたらお母さんが、

「そんなことはない。大丈夫だよ」

思わず、

「なんでそんなにやさしいの」

そしたら、

「私の子だから……」といってくれました。

お母さん、お父さんは、いつでも私のことを考えてくれていた。私が悩んでいるときは、自分のことのように悩んでくれていた。

そう思っていた私は、さっきの勝悟先生の講演を聞いて、いま深く感じた。

「生きていることに対して感謝しよう」
「一日一日を生きている時間を大切にしよう」
そして、いまの高校生活をenjoyしようと思った。
そして、なによりも親を大切にしていきたい。

（一年　鹿野雪絵）

私は講演会での境野さんの話を聞いて、多くのことを知ることができました。

普段なにげなく使っている「お父さん」「お母さん」の言葉に、深い意味がかくされていたということに大変驚きました。母親というのは「すごい！」ということも知ることができました。最後に話してた親子の話も、とても感動しました。父母席でその話を聞いて涙を流している人をたくさん見ました。

（一年　齋藤香菜）

私も時々、日本はなぜ「日本」というのだろう、日本の国旗はなぜ日の丸なんだろうと思っていました。でも、こんなことは誰も教えてくれませんでした。今日の講演会でやっとわかりました。日本とは、私たちの生命にとって重要な太陽に関連している言葉で、「日の本」という意味であること、それから、日の丸は、その太陽を用いたものだということ、それを聞いて納得しました。

自然も、父母も、わたしたちの生命にとって同じように大事だと思います。母が、「カミ」で、父が「尊い」。私は日頃から、父母というのは大切な存在だと思っていましたが、この意味を知り、もっと感謝の心をもって接しなければいけないと思いました。

（一年　高橋亜美）

だんだん話を聞いていくうちに、私は、いつから私たち日本人は素直でなくなったのだろうと思いました。昔の人たちは、太陽や自然、そして、親にも感謝し、大切にしてきたのに対して、私たちはいつごろからそんな素直で正直な気持ちをなくしてしまったのだろうと、思いはじめました。

昔の人は自分自身を「カミ（日身）」とし、太陽に感謝して、自然や文化を大切にし、親を敬う気持ちを忘れずに持っていたことに、私はとても感動し、自分が恥ずかしくなりました。

（一年　亀山幸恵）

今日は境野先生の話を聞いて、僕は日本人に生まれて良かったと思いました。

僕も外国には興味もあるし、行ってみたいと思う。しかしこれからは、外国から真似されるような国にならなくてはだめだと思う。「自分は日本人なんだ」ということを忘れてはならないと思う。日本人が外人の真似をしても、外人にはなれない。それだったら、日本人としての自分をもっと良くしたいと思う。

（一年　照井直樹）

太陽や自然の話も、とっても気に入りましたが、一番大切だと思ったのは、両親、父母についての話でした。両親がいたからこそ、自分がここにいて先生の話をこうして聞けたので、両親についての話が、いちばん大切だと思いました。「お母さん」の名前は太陽からとった。その話で、天にいたと思っていた神様がずっと近くにいたことに気が付きました。カミ様は、お母さんという形で自分のそば、一番近くにいました。実はいままで、ずっと神様はいるのかいないのかわからず、どっか不安だったものが、先生の話を聞いてフッとなくなったような気がします。

（一年　橋本葉澄）

あとがき

花巻東高校は、宮沢賢治のふるさとにある私立の高校であった。

　雨ニモマケズ
　風ニモマケズ

あの名詩を生んだ町で、若い生命の高校生たちにお話する幸福を得た。

講演が終わった。

おいとまをして、玄関から車に乗せていただこうとした時、

「先生」

と呼びながら、高二の男生徒が飛んできた。

「先生、いい話をありがとう」

「ありがとう」

わたしは、我を忘れて、彼らの手を握った。

車に乗って、五メートルほど走ると、

「先生！」

と、手を振りながら、高一の女生徒が、車に近寄ってきた。運転をなさっていらっしゃった先生が、車を止めた。そして、後席の窓をあけた。

「先生、よかったよ」

「感動しちゃったよ」

花のように笑って、一人ひとりていねいに握手をしてくださった。

後日……。

花巻東高校の先生から、講演をきいてくださった全生徒、七百人の感想文が送られてきた。

わたしは、一人一人の感想文を、すぐさま読ませていただいて、びっくりした。高校生が抱えている日本への愛情の美しさに、胸がふるえてきた。

もとより、この講演会は、致知出版社からのご依頼であった。

わたしは、藤尾社長に、高校生七百人の感想文のすばらしさを、ご報告した。

「わかった。それじゃ、講演録とその高校生たちの感想文を選んで、一冊の本に仕上げよう」

うれしかった。『日本のこころの教育』という題も、いただいた。

七百名の感想文は、どれも、明るかった。暗いものは、一つもなかった。だれもが、日本人であることを、喜んだ。みんなの感想文全部を掲載できなかったことが、なんとしても、申し訳ない。

ただ、ひとつの感想文だけ、いまも、妙に心に残っている。

「ぼくは、小学校のとき、先生から国旗の日の丸をみると、不幸になるといわれ、いままで、日の丸を見るのが、こわかった。でも、きょう、先生の話をきいて、『日の丸』が太陽の丸であり、みんなのいのちのマークだと知って、あしたからは、国旗をみます」

……と。

極端に否定的な目で日本をみながら教育していると、日本の子どもたちの将来に、光が射してこない。

かつて、初版に当って、花巻東高校の校長先生と理事長にご相談申し上げた。

「それは、結構なことだ。ぜひ……」

と、おっしゃっていただき、感想文掲載の高校生の承諾もいただいてくれた。また、先生方には、全校生徒の感想文をまとめていただき、つつしんで、お礼を申し上げる。

このたび、藤尾社長より『日本のこころの教育』が、致知出版社のロングベストセラーになっている……という、身にあまる有難いお言葉をいただいた。

高校生と手をあわせて出版したみんなの本が、ロングベストセラーになっている。こんなうれしいことは、かつて、なかった。

この本は、どうか多くの人のご協力をいただいて、日本のすみずみで、みんなで読みあってほしい。

終わりに、本書の再版にあたり、致知出版社・藤尾秀昭社長の温かいご指導をいただいた。ありがとうございました。編集部のみなさん、ありがとう。

平成二十七年　秋の大磯にて

著者しるす

参考文献

「日本語の語源」（村山七郎著、弘文堂刊）
「風土語源物語」（山中襄太著、毎日新聞社刊）
「日本語の世界」（大野晋、朝日新聞社刊）
「日本人のしつけ」（野口武徳、白水繁彦共著、ぎょうせい刊）
「日本語をさかのぼる」（大野晋著、岩波書店刊）
「日本語の起源」（村山七郎、大林太良共著、弘文堂刊）
「日本人の知恵の構造」（樋口清之著、講談社刊）
「日本人の意識構造」（会田雄次著、講談社刊）
「日本人の履歴書」（樋口清之著、主婦の友社刊）
「国史大辞典」（吉川弘文館刊）

「日本を知る事典」（社会思想社刊）
「日本風俗史事典」（弘文堂刊）
「国旗・国歌の常識」（所功著、近藤出版社刊）
「世界の国旗・国歌」（編集部編、大泉書店刊）
「林羅山」（日本思想大系28、岩波書店）
「新井白石」（日本思想大系35、岩波書店）
「和魂・洋魂」（ヨゼフ・ロゲンドルフ著、講談社刊）
「ニッポンと日本人」（ヨゼフ・ピタウ著、かんき出版刊）
「日本」（ブルーノ・タウト著、岩波書店刊）
「日本と私」（駐日外人五十人談、朝日ソノラマ刊）
「君が代の歴史」（山田孝雄著、宝文館出版刊）

この講演録は、著者が岩手県花巻市の私立花巻東高校の全校生徒とその父兄の前で行ったものを、加筆修正したものです。

また第十六刷より七十七ページ『国歌「君が代」について』の項を加筆いたしました。

日本のこころの教育

平成十三年七月 二 日第 一 刷発行
令和 五 年八月三十日第二十七刷発行

著 者 境野勝悟
発行者 藤尾秀昭
発行所 致知出版社
〒150-0001東京都渋谷区神宮前四の二十四の九
TEL（〇三）三七九六-二一一一
印刷・製本 図書印刷株式会社

ISBN978-4-88474-594-3 C0095
ホームページ https://www.chichi.co.jp
Eメール books@chichi.co.jp